rabo de foguete

ferreira gullar
rabo de foguete
OS ANOS DE EXÍLIO

1ª edição

Rio de Janeiro, 2024

Copyright © 1998, by Ferreira Gullar

Capa e caderno de imagens: Angelo Bottino
Imagem de capa: Arquivo da família

Todos os esforços foram feitos para localizar os fotógrafos das imagens e os autores dos textos reproduzidos neste livro. A editora compromete-se a dar os devidos créditos em uma próxima edição, caso os autores as reconheçam e possam provar sua autoria. Nossa intenção é divulgar o material iconográfico e musical, de maneira a ilustrar as ideias aqui publicadas, sem qualquer intuito de violar direitos de terceiros.

CIP-BRASIL. CATALOGAÇÃO NA PUBLICAÇÃO
SINDICATO NACIONAL DOS EDITORES DE LIVROS, RJ

G983r

Gullar, Ferreira, 1930-2016
  Rabo de foguete : os anos de exílio / Ferreira Gullar.
- 1. ed. - Rio de Janeiro: José Olympio, 2024.

  ISBN 978-65-5802-163-6

  1. Gullar, Ferreira, 1930-2016 - Exílio. 2. Poetas brasileiros - Biografia. I. Título.

24-93806

CDD 928.69
CDU 929:82-1(81)

Meri Gleice Rodrigues de Souza - Bibliotecária - CRB-7/6439

Texto revisado segundo o Acordo Ortográfico da Língua Portuguesa de 1990.

Todos os direitos reservados. Proibida a reprodução, o armazenamento ou a transmissão de partes deste livro, através de quaisquer meios, sem prévia autorização por escrito.

Reservam-se os direitos desta edição à
EDITORA JOSÉ OLYMPIO LTDA.
Rua Argentina, 171 – 3o andar – São Cristóvão
20921–380 – Rio de Janeiro, RJ
Tel.: (21) 2585–2000.

Seja um leitor preferencial Record.
Cadastre-se no site www.record.com.br
e receba informações sobre nossos lançamentos e nossas promoções.

Atendimento e venda direta ao leitor:
sac@record.com.br

Impresso no Brasil
2024

Nunca fez parte de meus planos escrever sobre os anos de exílio. Em 1975, quando Paulo Freire me solicitou um texto sobre minha experiência de exilado, para um livro que reuniria depoimentos desse tipo, neguei-me a escrevê-lo. Temia, de um lado, praticar inconfidências que comprometessem a segurança de companheiros, e de outro, sentia-me traumatizado demais para abordar o tema. Foi só recentemente, por insistência de Cláudia Ahimsa, que mudei de atitude. Ela, ao ouvir minhas aventuras de exilado, incentivou-me a transformá-las em livro. Como o tempo aliviara os traumas e anulara as outrora inconvenientes implicações políticas da narrativa, pude hoje, ainda que hesitante em face de certas indiscrições, contar o que vivi. Mesmo assim, achei por bem mudar o nome de algumas das pessoas mencionadas no livro.

Algumas pessoas que comigo conviveram no exílio, se não aparecem neste livro ou são apenas mencionadas, isso se deve à opção que fiz de contar apenas o essencial. Não significa, portanto, que as tenha esquecido ou subestimado o quanto lhes fiquei devendo em afeto e camaradagem.

FG
1998

PRIMEIRA PARTE

I

— É pra você – disse Thereza.

Interrompi a brincadeira com o gato e, ainda sorrindo, segurei o fone, sem suspeitar que a minha vida começara a virar de cabeça para baixo. Era um sábado por volta das três da tarde.

Leandro não podia me dizer ao telefone o que ocorrera. Fui encontrá-lo ali perto, na esquina de Prudente de Morais com Farme de Amoedo.

— Waldo entregou todo mundo, você, eu, Dias, Rafael. O pessoal pediu que eu te avisasse.

— O que eles acham que vai acontecer?

— O problema é que você é da direção estadual.

— Contra a minha vontade...

Atordoado, mal conseguia acreditar que aquilo estivesse acontecendo.

— O que vai fazer?

— Não sei.

Despedimo-nos. No caminho para casa, refleti e me considerei vítima da inconsequência do partido que insistira em me eleger para a direção estadual, clandestina, quando eu atuava muito bem na legalidade. Agora, enquanto todos os demais membros do comitê cultural iam poder responder ao processo normalmente, eu teria que mergulhar na clandestinidade. E isso sem nunca ter participado sequer de uma reunião da tal direção estadual.

Thereza levou um susto ao ouvir a má notícia. O pânico estava embutido em nossa vida e bastava uma palavra, um olhar, um telefonema para deflagrá-lo.

— Vai pra casa de mamãe. Eu ligo pra ela avisando.

Apressadamente, como se os milicos já estivessem a caminho, meti algumas roupas numa bolsa de mão, escova, pasta de dentes, dois ou três livros e saí. Meus filhos estavam brincando na área interna do edifício, era até bom, disse eu a Thereza, você depois fala com eles, dá uma desculpa.

— Vou dizer a verdade.

— Pode assustar as crianças.

— E daí? Mentir é que não vou.

— Está bem, faça como achar melhor. *Ciao!*

Thereza e eu já não nos entendíamos muito bem. Falara aquilo para se mostrar íntegra, franca, como a dizer: "Não uso de mentiras como você." Convencera-se de que eu tinha um caso com alguém.

Fui até o bar na esquina e comprei um pacote de cigarros, muito embora tivesse parado de fumar havia quatro meses. Fiz sinal para um táxi e segui nele. Estava tenso, a cabeça turva. Desci próximo ao edifício para onde ia em Copacabana, detive-me por algum tempo observando se alguém me seguira e finalmente dirigi-me para o apartamento onde começaria a minha história de clandestino.

2

Dona Mayna, mãe de Thereza, morava sozinha. Alojei-me no pequeno quarto que fora de seu filho, agora casado pela segunda vez. Embora nos entendêssemos muito bem, não me sentia inteiramente à vontade, mesmo porque minha presença ali implicava certo risco para ela. De fato, aquela era uma solução provisória que aceitara por me permitir sair logo de casa sem parecer estar mergulhando definitivamente na clandestinidade. Ali poderiam visitar-me, sem despertar suspeitas, Thereza e os garotos, o que efetivamente aconteceu no final da semana.

Ela havia com jeito explicado a eles por que tinha que me afastar da família. Era uma coisa temporária, uma precaução. A sós, falou-me do contato que fizera com uma pessoa ligada à direção do partido para ter uma visão mais clara da situação, qual seria o desdobramento previsível.

— Acham que você vai ter que ficar escondido um bom tempo.

— Quanto tempo?

— Não sabem. Vai depender do processo.

— Processo? Que processo?

— Todos os denunciados vão ser chamados e interrogados. Os outros devem se apresentar, menos você.

—Já previa. A culpa é do filho da puta do Gonçalves que me meteu nessa fria. Me fez membro da direção estadual contra a minha vontade.

— Dirigente, ou fala ou morre. É melhor não ir lá.

— E eu sou lá dirigente, porra! Esses caras me puseram na chapa só pra derrotar a ala esquerdista. Foderam com minha vida!

— Sempre disse pra você não se envolver muito com o partido. Mas você não me ouviu.

— Como não te ouvi? Não te contei como eles fizeram a coisa? De repente, apresentaram meu nome. Eu falei que não aceitava, mas todos bateram palmas. Fui eleito por aclamação! Tudo armado antes.

— As pessoas se perdem pela vaidade.

— Tá querendo me sacanear, Thereza?

— Não estou, não. Mas sei que, no final, quem vai pagar o pato sou eu!

Fitei-a irritado, mas preferi me calar. Dona Mayna bateu na porta chamando-nos para o almoço.

3

Uma semana se passou, sem novidades. Sentia falta de minhas atividades na redação do jornal, do ambiente de camaradagem. A desocupação pesava-me de maneira quase insuportável. Tentava encher o tempo lendo mas não conseguia me fixar no que lia, devido ao estado de incerteza em que me encontrava. Essa inquietação latente parecia pulsar debaixo de minha atenção até ocupá-la. Suspendia a leitura e voltava-me mais uma vez para as preocupações que me atormentavam. Até onde irá isto? Acreditava que, encerrado o processo e enviado ao tribunal, pudesse voltar à vida normal. Mas talvez peçam minha prisão preventiva, e mesmo que não peçam, quanto tempo demorará tudo isto? Meses? Anos? Entrava em depressão. Acendia outro cigarro. Voltara a fumar desbragadamente.

Uma tarde, Luciana, minha filha, que tinha quinze anos, veio me visitar. Fiquei contente de vê-la e grato por poder sair daquele estado depressivo. Ela queria me fazer uma consulta. Sentia-se isolada no colégio porque estava entre os poucos que não haviam aderido à maconha. Considerada "careta", não era mais convidada para as festinhas e passeios pelos colegas. Por isso pensava em criar um grupo de estudos marxistas para tentar romper o isolamento. Qual a minha opinião?

Acho ótimo. Ainda bem que você tem cabeça boa.

— Mas não sei direito como fazer, por onde começar. Por isso vim falar com você.

— Eu te ajudo.

Senti-me feliz também porque percebi na iniciativa dela um gesto de solidariedade e de identificação com minhas ideias. Era como se ela dissesse: "Estou com você, papai; vou seguir seu exemplo."

— E teus irmãos, como estão? Sinto falta deles.

— Estão bem... Perguntam quando você vai voltar pra casa.

Hesitei um momento.

— Diz a eles que não vai demorar muito.

4

Poucos dias depois da visita de Luciana, recebi um telefonema de Thereza. Estava aterrorizada.

— Vai embora daí agora.
— Por quê? O que aconteceu?
— Não posso falar muito, estou ligando da rua. Eles estiveram lá em casa. Entraram armados, ameaçaram Luciana e me sequestraram.
— Te sequestraram?!
— Depois eu conto direito. Sai daí agora!

Desligou. Fiquei um instante sem ação. Mal conseguia pensar. Dona Mayna me olhou preocupada.

— Aconteceu alguma coisa?
— Os milicos foram atrás de mim lá em casa. Vou ter que sair daqui.
— Sair por quê?
— Eles podem vir aqui também.
— E você vai pra onde?
— Não sei.

Mais tarde pedi a ela que ligasse para Thereza, mas não havia ninguém em casa. À noite, a própria Thereza telefonou marcando um encontro. Estava com nossos filhos no apartamento de sua tia Julieta.

Encontramo-nos num beco escuro do Leme. Thereza, em estado de choque.

— Não é melhor você se apresentar pra depor e acabar com isso?
— Me apresentar?! Você está maluca!
— É a única maneira de pôr fim a esse desespero. Eu pra casa não volto mais.
— Me conta primeiro como foi a coisa lá em casa.
— Luciana atendeu à porta e eles entraram apontando as armas pra ela. Queriam saber de você. Ela disse que você não estava em casa. Ouvi aquelas vozes estranhas na sala e fui até lá. Um deles avançou pra mim ameaçando-me com um revólver, indagou onde você estava. Respondi que não sabia, que você não aparecia há duas semanas. Fizeram mais algumas perguntas e me levaram para um carro que estava parado em frente ao edifício. Aí o tenente falou com alguém pelo rádio, enquanto davam uma volta no quarteirão comigo dentro. Depois me soltaram.
— Mas assim à toa?
— Esse oficial, que parecia comandar a coisa, informou pelo rádio que você era jornalista, que eu tinha dito isso a ele.
— Ele pensava que eu fosse o quê?
— Perguntou se você tinha sido líder camponês.
— Deve ter havido alguma confusão. Estavam procurando por outra pessoa. Acho que não vão voltar mais lá em casa.
— Ninguém pode garantir.
— Claro. Fica alguns dias mais na casa de tua tia. Vamos ver o que acontece.
— É o que estou pensando em fazer.. Desculpa, Gullar. Fiquei muito assustada.
— É natural... Eu também ando atordoado.

5

O regime militar se tornava cada dia mais violento e repressivo. Os assaltos a bancos por grupos terroristas e o sequestro de embaixadores estrangeiros contribuíram para que as posições da linha dura militar determinassem o caráter da ditadura. Se é verdade que, no começo do regime, a direita radical impôs a prática da tortura, em seguida uma visão mais moderada passou a preponderar, entendendo que a sobrevivência do regime dependia sobretudo do êxito no plano econômico e esse deveria ser seu objetivo principal. Enquanto os setores mais maduros da esquerda afirmavam que o caminho para derrotar a ditadura era a luta pelas liberdades democráticas, aproveitando-se de todas as brechas que o regime fora obrigado a deixar, a ultraesquerda embarcara no delírio da luta armada, deslocando a disputa para o terreno onde o adversário tinha mais força e tirocínio. Assim, as ações terroristas e a repressão passaram a se alimentar uma da outra. Residências eram invadidas, pessoas sequestradas e submetidas a torturas bestiais; os militantes presos eram com frequência assassinados e dados como tendo fugido da prisão. Os jornais, controlados pela censura, eram obrigados a noticiar a versão mentirosa com que os militares procuravam encobrir a execução sumária de seus adversários políticos. A cegueira que tomou conta das facções terroristas levava-as a executar os seus companheiros quando, sob tortura, faziam confissões comprometedoras.

O recrudescimento da repressão naquelas semanas levou-me a mudar de esconderijo. Essa também era a opinião dos amigos com que Thereza se aconselhara. Seria ilusão pensar que os militares iriam parar de procurar-me, depois da primeira investida frustrada. Embarquei nessa ilusão, por algum tempo, chegando mesmo a ir dormir em casa algumas vezes. Certa noite, porém, quando voltava de um passeio com Thereza, um carro estacionado em frente a nosso edifício acendeu de repente os faróis e os apagou em seguida. Queriam se certificar se era eu mesmo que estava ali. Não dormi em casa aquela noite e no dia seguinte mudei-me do apartamento de minha sogra para o de um amigo, Armando, que não tinha atuação política alguma. Mas ali não me demorei muito. Alguns amigos comuns consideraram que eu o estava expondo a um risco excessivo. Um deles foi encarregado de conversar comigo sobre o assunto. Fiquei chocado com essa opinião já que se tratavam de amigos íntimos, além de companheiros de partido.

— Está bem – disse eu –, mas vocês têm um lugar onde eu possa me esconder sem risco pra ninguém?

— Não... não temos – respondeu-me o companheiro.

— O que então me aconselham a fazer? Se na casa de Armando, que não tem atuação política e por isso não está na mira da repressão, não devo ficar, então não posso ficar na casa de ninguém. Devo me entregar, é isso?

Ele abaixou os olhos, constrangido.

— Claro que ninguém veio aqui aconselhar você a se entregar.

— Estou entendendo. Trata-se apenas de preservar o Armando. Não se preocupem. Sairei hoje mesmo daqui.

Saí no dia seguinte pela manhã. Assim que eles se foram, comecei a buscar na memória um amigo, fora da área da esquerda, a quem pudesse recorrer. Lembrei-me de Leo Victor, que não hesitou um segundo em me oferecer sua casa.

6

Leo era escritor e dono de uma pequena editora que sobrevivia com dificuldade. Desquitado, morava num apartamento do Jardim Botânico em companhia de uma velha empregada, que o acompanhava havia muitos anos, a Mercedes. Antes de minha chegada, ele a chamou à parte e lhe disse que a pessoa que ia ficar ali com eles era um foragido político e que por essa razão ninguém podia saber de sua presença na casa. "Nem o Jorge, teu filho. É uma questão de vida ou morte, Mercedes. Se a polícia descobrir, o cara vai ser torturado, morto, e você e eu vamos em cana. Mas pra você vai ser pior, porque vai ficar com a consciência doendo. Entendeu?"

Isso ele mesmo me contou naquele tom de gozação que era frequente em suas conversas. E me instalou em seu escritório, no fundo do apartamento, mobiliado com altas estantes envidraçadas que tinham sido de seu pai, desembargador aposentado. Ali encontrei em vários volumes os textos dos *Autos da devassa*, o processo que apurou a conspiração de Vila Rica e levou Tiradentes à forca. Minha condição de perseguido político naturalmente me induziu a ler com especial interesse aqueles autos.

Eu passava o dia inteiro trancado no escritório, onde Leo mandou colocar uma cama de solteiro. Lia, escrevia anotações num diário que iniciei ali, e às vezes desenhava. Meu passeio mais longo era até o banheiro, a primeira porta do corredor. Tomava vários banhos por dia, para me livrar do calor e também para encher o tempo. À noite, Leo voltava do trabalho e jantava comigo ali no escritório. Eu evitava andar pela casa, por precaução, para não ser visto pelo filho de Mercedes, que servia de chofer ao Leo, ou pela faxineira que ia lá uma vez por semana, mas também por algum parente que aparecesse de repente. Certas noites alguns amigos iam visitá-lo. Eram quase sempre amigos meus também, que ele recebia na sala e com os quais conversava até altas horas da noite, às vezes sobre meu desaparecimento, tecendo comentários acerca da situação que me obrigara a viver na clandestinidade. Leo, que nunca puxava esse assunto, sentia-se muito desconfortável por ter que enganar os amigos, fingindo não saber de meu paradeiro. "Você me bota em cada situação, seu Gullar!", dizia ele rindo, depois que os amigos iam embora.

7

De quinze em quinze dias eu me encontrava com Thereza, longe dali. Era sempre à noite, quando cessava o movimento na rua. Ela não sabia onde eu estava escondido.

— Prefiro não saber, porque, se me prenderem, mesmo que me torturem, não vou poder contar.

Esses encontros eram na rua e sempre em lugares diferentes. Às vezes, íamos até o apartamento de algum casal amigo, que se ausentava para nos deixar à vontade. A separação forçada reacendeu o nosso tesão. Transávamos ardorosamente e depois conversávamos. Ela me dava notícia de meus filhos.

— Os meninos sentem muito tua falta.

— E eu também... A gente podia dar um jeito de eu me encontrar com eles.

— Eu vou ver isso. Liga pra mim no meado da semana.

Um primeiro encontro foi na casa da Julieta, numa noite em que Thereza levou os três para dormirem lá. Foi bom e ao mesmo tempo doloroso, porque me fez sentir o quanto aquela situação os deixava desamparados.

Nessa noite, Thereza me deu uma notícia boa: Houaiss estava montando equipe para fazer uma enciclopédia; dela participaria Carpeaux, e os dois decidiram me convidar para coordenar a parte de artes plásticas.

— Na clandestinidade?

— Sim, a gente monta um esquema.

E assim comecei a trabalhar, indicando pessoas que escreveriam determinados verbetes e escrevendo eu mesmo a maioria deles. Para isso contei com a ajuda de Thereza e de alguns amigos, inclusive Leo, que me conseguiu muitos dos livros necessários ao meu trabalho de enciclopedista clandestino. Foi a melhor coisa que me aconteceu naquela fase: aliviou a situação financeira da família e me ocupava todas as horas do dia.

As coisas pareciam caminhar com relativa tranquilidade, quando Leo adoeceu gravemente.

8

Leo vivia com apenas um terço de pulmão. Atlético quando jovem, jogador de basquete, contraíra tuberculose aos vinte anos. Boêmio, namorador, consumindo energia durante o dia na quadra e à noite na boate, só se deu por doente quando cuspiu sangue na pia do banheiro. Mesmo assim, não se submeteu ao tratamento com o necessário rigor. Internado num sanatório, fugia nos fins de semana para encontrar uma puta por quem se apaixonara, e tomar porre. A consequência disso foi, no final, ter que secar um dos pulmões, totalmente minado pelo bacilo, e extrair dois terços do outro. Por isso era muito vulnerável ao menor resfriado ou gripe. Certo dia, inadvertidamente, abri a porta de seu quarto e levei um susto: na cabeceira da cama havia um verdadeiro equipamento hospitalar, com máscara de respiração, tubos e grandes cilindros de oxigênio. Era graças a esses recursos que ele conseguia sobreviver quando, alta noite, acordava sufocado. Essa descoberta me deixou preocupado e comovido ao mesmo tempo: preocupado com a possibilidade de que a polícia me descobrisse ali, uma vez que Leo não tinha a mínima condição de enfrentar uma prisão nem por uma só noite que fosse; comovido com a sua solidariedade, uma vez que ele, mais que ninguém, sabia de sua fragilidade.

Por isso, quando Mercedes me disse que ele se resfriara e mal conseguia respirar, entendi que minha permanência ali estava ameaçada. No dia seguinte, vi com surpresa entrar no meu esconderijo o Gilson, médico de Leo e meu amigo, que morava naquele mesmo edifício um andar acima.

— Você deve estar surpreso – disse-me ele sorrindo.

— Realmente, estou.

— Mas eu sei de sua presença aqui há mais de seis meses.

— O quê? Praticamente, um mês depois que vim pra cá?

Ele riu, gozador.

— É que a Mercedes é amiga de minha empregada e as empregadas não guardam os segredos dos patrões.

Eu estava desapontado.

— E eu aqui, trancado, evitando até mesmo de ir à sala ver televisão!

O motivo da visita de Gilson era me informar do agravamento do estado de saúde de Leo. Deveria avisar a família dele, como sempre fazia, quando a situação se complicava.

— Então vou ter que me arrancar.

— É, vai ter. Os pais virão fazer companhia a ele, ficarão praticamente morando aqui.

Quis saber se Leo corria risco de vida.

— Não – disse-me Gilson –, ainda não. Mas é certo que, a cada dia, a capacidade pulmonar dele é menor. A cada dia, o resto de pulmão que ele tem vai murchando.

Naquela mesma tarde arrumei minha maleta, deixei-a do lado de fora da casa, oculta atrás de uns arbustos do jardim, e fui à procura de outro lugar onde me esconder. Ao chegar a Botafogo telefonei para Ceres, uma amiga do peito, que já me mandara oferecer sua casa. Não estava, só voltaria à noitinha. Entrei num cinema para fazer hora e mais tarde voltei a telefonar-lhe.

— Vem aqui pra casa – disse ela. – Não tem problema.

Aliviado, retornei à casa de Leo. As luzes estavam acesas, havia pessoas na sala, vozes. Entrei cautelosamente pelo jardim, ocultando-me entre os arbustos mais altos, apanhei a maleta e saí. Atravessei o pequeno largo mal iluminado que havia em frente ao edifício e fui até a rua Jardim Botânico, onde tomei um táxi.

— Rua Toneleros, por favor.
— Em que altura?
— Esquina com Hilário de Gouveia.

Lamentei não ter podido me despedir de meu amigo, que nunca mais voltaria a ver.

9

A ditadura tinha tomado medidas para transformar os síndicos e porteiros dos edifícios em alcaguetes. Tornara obrigatório informar a polícia sobre algum novo morador que eventualmente passasse a residir no prédio. Devia o porteiro pedir-lhe o documento de identidade e anotar-lhe os dados para transmiti-los à autoridade policial. Alertado por Ceres, evitei entrar no edifício com minha maleta. Deixei-a na esquina com um de seus filhos, o Nando, que fora a meu encontro, e passei pela portaria como mera visita, sem sequer mencionar o número correto do apartamento para onde ia. Mais tarde, o garoto entrou com a maleta, como se fosse coisa da família.

Ganhei com a mudança. Não me sentia tão só como no apartamento de Leo, pois sempre havia alguém em casa, senão era Ceres, era Flávio, seu marido, eram os filhos, cuja idade variava entre nove e treze anos e aos quais conhecia desde que eram bebês. O apartamento dava para uma encosta coberta de árvores e vegetação povoada de passarinhos. Quando ficava só, me distraía ouvindo-os, tentando identificá-los pelos trinados e pipilos. À noite, após o jantar, ouvia as histórias de Flávio, que tivera uma rápida passagem pelo partido, nos anos 1940, quando a União Soviética despertara a simpatia geral por combater o nazismo. Falávamos também de arte e literatura.

O meu quarto ficava no corredor, em frente à porta do banheiro. Era uma espécie de depósito dos móveis sem serventia, mas tinha sido arrumado, de modo a me sentir bem nele. Trouxera os livros e a máquina de escrever para dar prosseguimento a meu trabalho de enciclopedista. Como Flávio era crítico de arte, encomendei-lhe alguns verbetes, que ele escrevia com ajuda de Ceres, à noite ou nos fins de semana, já que trabalhava como redator de uma revista semanal. Queixava-se do excesso de trabalho e brincava com o fato de serem seus patrões judeus.

— Aquilo é um campo de concentração, onde os judeus somos nós.

Ceres, preocupada em me alegrar, prometeu preparar uma feijoada para o domingo seguinte. Meus olhos brilharam.

— Quanto tempo faz que não come uma feijoada, Gullar?
— Quase um ano. Pelo menos desde que caí na clandestinidade.
— Que tal a gente chamar alguns amigos?
— Não, isso não. Tenho que obedecer às normas de segurança. É melhor pra vocês também.
— Eu sei, claro.

A simples promessa da feijoada, ainda que sem os amigos, já me deu alma nova. Vivi o resto da semana em função dela. Cheguei até a sonhar com torresmo e farofa.

Domingo pela manhã, quando fui à sala ouvir os passarinhos, fazendo uma pausa no trabalho, o aroma da feijoada me deixou embriagado. Consultei o relógio: dentro de no máximo duas horas estaria me banqueteando com ela.

Sucede que às onze horas soou a campainha da porta. A um foragido, o soar das campainhas sempre causa apreensão. Fiquei atento, escutando. A porta se abriu.

— Ceres, meu amor, vim passar o domingo com vocês! Desculpa por não ter avisado.

Era uma voz conhecida, da Antonieta.

— Não tem importância – falou Ceres, sem muito entusiasmo.

Logo chegaram a meus ouvidos rumores e gritos de crianças. Antonieta viera com os filhos pequenos, que começaram a correr pela casa. Levantei-me e fechei a porta do quarto, poucos segundos antes de um deles entrar aos pulos pelo corredor. Como a porta não tinha chave, encostei nela uma cadeira e me sentei ali. O menino começou a bater na porta. Ceres veio atrás dele.

— Quero entrar aqui – disse o menino.
— Aí não pode, meu filho.
— Não pode por quê? Tem bicho?
— Tem. Aí tem um bicho-papão.
— Quero ver o bicho-papão!

A muito custo Ceres conseguiu arrastar o menino para fora do corredor, enquanto eu, decepcionado, percebia que meu prometido domingo de alegria dançara. E além do mais ia ter que ficar sentado ali naquela cadeira, segurando a porta do quarto, não sabia até quando *O diabo vai ser se ela só for embora à noite*, pensei aterrorizado.

As horas se passaram. Lá para as duas da tarde percebi que estavam servindo o almoço. Agora o cheiro da comida chegava até o quarto, como um suplício. Algum tempo depois, ouvi batidas leves na porta. Era Ceres, que entrou com um prato cheio de feijoada, arroz, torresmo, couve picada, farofa e laranja cortada.

— Que azar, Gullar!
— Não faz mal – disse eu sem conseguir disfarçar minha chateação. – Já estou acostumado.
— A gente faz outra feijoada, depois. Daqui a pouco te trago cerveja, tá?
— Você é um anjo, Ceres.

Mal ela saiu eu caí de boca na feijoada que a Maria Gorda, a cozinheira, tinha caprichado como um presente pra mim, conforme me dissera. Alguns goles de cerveja geladinha completaram o meu banquete e me reconciliaram com a felicidade. Só então pude rir da minha pouca sorte. E me lembrei de meu amigo Stanislau: "Quando urubu está de azar, o de baixo caga no de cima."

Voltei a me sentar na cadeira junto à porta uma vez que, tendo terminado o almoço, os meninos estavam de novo à solta pela casa. Aí um novo problema surgiu: a vontade de urinar, que já vinha sentindo há horas, tornava-se irreprimível. Procurei em volta alguma vasilha que me servisse de urinol. Mas nada havia ali a não ser um vaso de cerâmica, cheio de flores secas. Já estava disposto a me valer dele, quando me dei conta de que a casa ficara silenciosa, os meninos haviam parado de correr e gritar. Ceres veio me informar que a mãe descera com eles para o playground.

— Vou aproveitar para ir ao banheiro – disse, e de um salto atravessei o corredor.

Trancado no banheiro, deixando a urina esvair-se à vontade, recuperava a paz e o bem-estar. A cerveja agravara a situação aumentando a quantidade de líquido a expelir, o que parecia não terminar nunca. Foi então que escutei a porta bater, a vozinha de um peste se fez ouvir.

— Vim fazer pipi!

O menino subira para vir ao banheiro também. Interrompi minha interminável urinação, guardei a piroca me molhando as calças e fugi para o quarto, no momento exato em que o menino se desvencilhava de Ceres e invadia o corredor. Fechei a porta e me sentei contra ela, suando frio. Daí a pouco, senti que alguém a empurrava, tentando abri-la. Ceres veio de novo em meu socorro.

— Não pode entrar aí, garoto.
— Tem um homem aí dentro.
— É o bicho-papão.
— Não é não. É um homem.
— Vamos embora. Sua mãe está esperando por você lá embaixo.

Eles se foram. Espiei pela porta e voltei ao banheiro para terminar meu pipi interrompido.

Antes de anoitecer Antonieta se retirou levando os filhos. Pude enfim deixar o meu cárcere e ir conversar na sala, onde completei o almoço, comendo mais um prato de feijoada. Daí em diante, em companhia de Flávio, sorvi alguns copos de cerveja, rindo com eles do aperto por que tinha passado.

Estávamos nisso quando a campainha soou de novo.

— Quem será? – perguntou Flávio.

— Não faço ideia – disse Ceres.

Corri para meu quarto. Era uma outra visita inesperada que chegava. Contrariado, deitei a cabeça no travesseiro e adormeci.

10

Àquela altura havia tomado algumas providências para não ser facilmente reconhecido. Tratei de apagar os traços mais acentuados de meu rosto pouco comum: deixei crescer um bigode para encobrir o desenho marcado da boca, raspei os pelos que emendavam as sobrancelhas, outro traço característico de minha fisionomia; pensei em raspar a cabeça, mas, considerando que com isso chamaria atenção, limitei-me a debastar a cabeleira. Quando saía na rua, usava uns óculos escuros que abandonei, pois, segundo Thereza, eu ficava com olhos de besouro e, pior, a figura mesma do clandestino.

— Parece disfarce de português! – brincou ela.

Evitava ir à rua para não despertar a desconfiança do porteiro, uma vez que entrara ali sob o pretexto de visitar um amigo e não saíra mais. Podia ser que ele nem se lembrasse de mim, mas não queria me arriscar. Por isso, quando saía, aguardava o instante em que estivesse ocupado ou conversando com alguém.

Já ia para nove meses de clandestinidade e aquilo me cansava. Sentia falta das noites conversando no bar com os amigos, das manhãs de sol na praia e sobretudo de minha casa, meus filhos, meus livros, minha vida. Um dia inventei de ir ao cinema. Combinei com Thereza e decidimos pela sessão das duas horas, quase sempre vazia e onde dificilmente encontraria alguém conhecido. Ela me esperaria perto, mas não em frente ao cinema para não parecer que estivesse esperando alguém, possivelmente eu. E assim fizemos. Quinze para as duas eu descia do táxi na esquina e a encontrava. Juntos, caminhamos para o Cine Leblon e eis que avistamos, postado junto à entrada do cinema, um pintor que, se não era nosso amigo, nos conhecia muito bem. Ele abriu os olhos surpreso de me ver e não falou nada. Entramos no cinema, mas mal pude seguir o filme, preocupado com o fato de ter sido visto ali.

Aquela foi a primeira vez que alguém conhecido me viu na rua, desde que entrara para a clandestinidade. Embora não acreditasse que o pintor fosse me alcaguetar, sentia como se o encontro inesperado frustrasse todo o esforço de meses e meses de precauções e ansiedades. Além do mais, sabia que os milicos não tinham desistido de me procurar. Haviam dado uma incerta na redação do *Estadão* em São Paulo, julgando me encontrar lá. Meus colegas da sucursal do Rio supunham perceber, próximo ao prédio da rua da Quitanda, sujeitos estranhos que eram vistos parados nas imediações.

Para dificultar a ação dos milicos, tomei a iniciativa de forjar uma carta dirigida a Thereza como se vinda de outro estado. Mandei-a para um amigo em São Paulo solicitando que a pusesse no correio de lá remetendo-a para minha residência em Ipanema. A mesma coisa fiz, utilizando um conhecido em Belo Horizonte. O propósito era confundir meus perseguidores.

Enquanto isso, o processo instaurado na II Auditoria de Marinha para apurar as atividades do Comitê Cultural do PCB, e que me envolvia, continuava seu curso vagaroso. A certa altura, fui informado de que o promotor da Justiça Militar, que deveria oferecer a denúncia dos implicados, aceitava excluir alguns nomes, inclusive o meu, mediante o pagamento de uma quantia. Consultei Thereza, que se mostrou inteiramente a favor da proposta. "Devemos pagar qualquer coisa para nos livrar desse pesadelo", afirmou. Como esse era também o meu ponto de vista, preenchi um cheque que deveria ser encaminhado ao referido promotor. Não me lembro do que ocorreu, mas a verdade é que, em vez de excluído do processo, fui denunciado. Num encontro, a que me levaram com o advogado, ficou evidente que em menos de oito meses o processo não iria a julgamento.

Logo em seguida, Renato Guimarães, ligado à direção do PC, me sondou sobre a possibilidade de eu ir fazer um curso na União Soviética, com a duração de seis meses. Minha primeira reação foi contrária, como a de Thereza, que temia ficar sozinha com os filhos durante tanto tempo. A hipótese de irmos todos juntos estava descartada. Depois reconsiderei. De fato, já não aguentava a condição de clandestino, vivendo sempre enfurnado e em sobressalto. Já me convencera de que era praticamente impossível permanecer num lugar por muito tempo sem que o sigilo fosse rompido, a não ser que me decidisse pela clandestinidade profunda, igual àquela em que viviam Prestes e Giocondo. Não estava disposto a isso. Devia considerar também que Ceres e Flávio iam mudar-se em breve para o apartamento que haviam comprado e que se encontrava em reforma. Aquele em que estávamos pertencia a uma amiga. Não podia eu pretender transferir-me com eles para o novo apartamento na condição de clandestino. Noutras palavras, dentro de um mês ou dois, teria que conseguir outro lugar para esconder-me. Conseguiria? E em que condições? Até quando poderia manter esse jogo de esconde-esconde sem cair nas unhas da repressão?

Thereza ouviu essas considerações com uma sombra de pânico no olhar. Se a minha clandestinidade havia desarrumado sua vida, a convicção de que logo tudo voltaria ao normal evitara o desespero. Agora, porém, a realidade se mostrava em toda a sua crueza: o redemoinho continuava a puxar-nos, mais e mais, para o fundo.

— Onde será que tudo isso vai parar? – indagou ela, com voz sumida, e virando-me as costas para enxugar os olhos com as mãos.

11

A viagem seria em agosto. Decidi tirar férias da clandestinidade para ficar um pouco com a família. Julieta possuía um sítio em Morro Azul e para lá fomos por uma semana. Imaginei que seria mais seguro estar fora do Rio e me enganei. Na verdade, não demorou a correr no povoado a notícia de que no sítio do general (o marido de Julieta era general reformado) havia gente nova. E queriam saber quem era e por que não aparecia na cidade.

Ainda assim ficamos ali o tempo previsto, tomando banho de piscina, conversando, jogando baralho, já que Julieta e o general Ciro foram nos fazer companhia. Certa manhã ele me chamou à parte e perguntou se não queria que falasse de meu caso com o brigadeiro Burnier, que era seu amigo. Quem sabe, ele poderia livrar-me daquele processo. O general Ciro Perdigão era católico convicto, homem de rara bondade, mas politicamente ingênuo. Expliquei-lhe que o brigadeiro Burnier, anticomunista fanático, jamais ajudaria a uma pessoa como eu.

— Você próprio correria o risco de ser acusado de tentar proteger um comunista – disse-lhe.

— Não acha que está exagerando? – ponderou ele. – O brigadeiro Burnier é um homem religioso, temente a Deus.

— Mesmo assim bolou um plano para explodir o gasômetro e pôr a culpa nos comunistas. Essa explosão teria matado dezenas de pessoas que por ali transitam diariamente.

— Não acredito – disse o general.

Na sua boa-fé, ele jamais acreditou também que dentro dos quartéis se tivessem instalado câmaras de tortura e execução de presos políticos.

O bom daqueles dias em Morro Azul foram os banhos de piscina, os pequenos passeios pelo mato, o prazer de colher frutas do pé e comê-las frescas. Luciana, Paulo e Marcos se divertiam e a sua alegria me fez esquecer momentaneamente que aquele era de fato um encontro de despedida.

Voltamos ao Rio e começamos a tomar as providências relativas à viagem. Um membro do partido sugeriu à Thereza que se aproveitasse a ocasião para fazer finanças. "Pedir dinheiro pro partido dizendo que é para nós?! E com que cara eu vou ficar quando estiver no Luna tomando meus uísques?", disse ela com a franqueza de sempre. "Já basta a encrenca em que vocês meteram meu marido!" Eu a apoiei e o pessoal desistiu da ideia.

Intensifiquei meu trabalho para a enciclopédia, visando a deixar mais dinheiro com a família. Possuíamos dois apartamentos pequenos e nosso plano era vendê-los para comprar um maior que coubesse a família. Esse projeto era agora inviável. Decidimos então vender um deles. Ceres nos deu a ideia de, com esse dinheiro, comprarmos ações do Banco do Brasil que, na ocasião, pareciam ser um ótimo negócio. Cautelosos, usamos para isso apenas um quarto da grana. Com a cobertura de alguns amigos, fui a um cartório e passei uma procuração autorizando Thereza a dispor dos bens do casal. Tudo visando a amparar a ela e a nossos filhos.

Quando faltavam dois dias para a partida, transferi-me para outro apartamento a fim de apagar o rastro que minha permanência na rua Toneleros talvez houvesse deixado. No dia seguinte à minha chegada, ocorreu no apartamento de meus novos anfitriões – Vera e Zelito – o encontro do sociólogo Fernando Henrique Cardoso, recém-chegado da Europa, com um grupo do Cinema Novo. Fiquei no quarto e, pela porta entreaberta, ouvi a exposição dele e as perguntas de Cacá Diegues, Leon Hirszman e Nara Leão, naquela época casada com Cacá. Eram todos meus amigos e nunca souberam que eu estava ali naquela manhã de sábado, atrás da porta, ouvindo-os e louco para abraçá-los.

Nessa mesma noite, recebi uma última visita de meus filhos. Paulo me olhava fixamente o tempo todo. Em dado momento, aproveitando-se de alguma coisa que eu disse, falou:

— É nisso que dá brincar com fogo.

Surpreendido, argumentei.

— Quis contribuir para haver menos injustiça no país.

— Eu sei, ajudar os pobres. Acha que eles estão ligando pra o que acontece com você?

Na hora me senti agredido. Depois refleti. Se eu, adulto, sofria por estar me afastando de meus filhos, mais deviam sofrer eles por ver que perdiam o pai.

12

No domingo ao anoitecer saí do Rio. Renato veio me apanhar num carrão quase de luxo, que me chamou a atenção.

— Esse carro é do partido?

— Carro de rico a polícia não para na estrada.

A resposta me tranquilizou. Na verdade, dificilmente alguém suspeitaria que um carro bacana como aquele pertencesse ao partido comunista ou a qualquer subversivo. Seria, por isso, pouco provável que nos parassem. Minha tensão tinha outras razões: o afastamento da família, dos amigos, o rumo imprevisível que minha vida estava tomando. O curso no Instituto Marxista-Leninista duraria seis meses, mas quem podia afirmar que em seis meses o meu processo já teria sido julgado? E, se julgado, quem asseguraria que eu seria absolvido? Aqueles primeiros dez meses de clandestinidade me ensinaram que o mais certo era apostar no pior.

Evitamos correr muito para não chamar a atenção da polícia rodoviária. Com cautela, paramos uma vez na estrada para comer e beber alguma coisa. No início da manhã, chegava ao apartamento de Antônio Henrique, pintor amigo meu que não se metia em política. No dia seguinte pela manhã, levaram-me a um fotógrafo: era necessário fazer uma foto com minha cara atual (de bigode e sobrancelhas separadas) para a carteira de identidade falsa com que empreenderia a fuga do país.

Thereza foi ao meu encontro, às vésperas da partida de São Paulo. Aquela noite decidimos ir ver o espetáculo do Antunes no Teatro de Arena. Afinal, era minha última noite ali e eu estava convenientemente disfarçado. Entramos depois que a luz apagou e sentamos na última fila. Findo o espetáculo, antes que a luz acendesse, deixamos a plateia mas, ao chegarmos à sala de espera, deparamo-nos com Antunes, que havia sido avisado de minha presença, não sei por quem. Levei um susto, mas sorri. Ele me abraçou comovido. E também me comovi, mas não falei nada. Logo me separei dele e saí do teatro o mais rápido que pude. Thereza me seguiu, apreensiva.

— A gente não devia ter vindo.
— É, foi tolice minha.

Tomamos uma rua escura, caminhando apressadamente. De súbito, alguém se coloca diante de mim e me detém.

— Gullar! Você por aqui?!

Era Villas-Boas Corrêa, meu colega de jornal. Murmurei qualquer coisa, bati fraternalmente em seu ombro e me afastei rápido, puxando Thereza pela mão. Na esquina, pegamos um táxi.

— Não há dúvida, tenho mesmo que sair do Brasil!

13

Poucas horas antes da partida, fui avisado de que levaria comigo uma moça, filha de um velho militante do partido. Ela também ia para Moscou.

Renato nos conduziu até a estação rodoviária, àquela época no centro de São Paulo, próximo à Estação da Luz. Thereza tomaria um ônibus para o Rio, pouco antes de minha viagem. Na hora da despedida, nos abraçamos comovidos.

— Me escreve assim que chegar lá – pediu-me ela, ao subir no ônibus.

Escrevo, sim, mas em russo – disse eu, tentando fugir à emoção.

Ela não teve tempo de responder, pressionada por outros passageiros que embarcavam. Esperei que aparecesse na janela, mas não apareceu, certamente porque sua poltrona era no corredor. Tive ímpeto de subir no ônibus, mas a porta se fechou e ele começou a se mover. Logo deixava a plataforma e sumia em meio a outros veículos.

Eu e Renato fomos para a lanchonete da rodoviária, onde encontramos com Rosa, a moça que viajaria comigo. Ela estava em companhia de um homem forte e simpático.

— Este é o Ademir, que vai acompanhar vocês até Porto Alegre.

Ademir me entregou a passagem e minha nova carteira de identidade, que só examinei no ônibus. Estranhei que tivessem mudado meu nome e mantido os nomes de meus pais. Pela primeira vez duvidei da eficiência do trabalho clandestino do partido. "Já que mudaram o meu nome, por que não mudar tudo? Por que deixar um indício capaz de me identificar?" Mais tarde, numa das paradas do ônibus, perguntei isso ao Ademir, que não pareceu dar importância ao fato.

— É burrice mesmo. Tem muito cara burro no partido.

Essa resposta quase me faz desmoronar. *Se o partido é assim, jamais fará a revolução*, pensei comigo. *Será que caguei minha vida por nada?*

Tratei de afastar esse pensamento, dizendo a mim mesmo que o erro de um militante não justificava condenar toda a organização. Afinal de contas, se eu estava ali, a caminho do exterior, era graças ao partido Desgastado por tantas horas de tensão e emoção, adormeci.

14

Em Porto Alegre esperava-nos outro companheiro do aparelho clandestino do partido: seu nome era Wilson, nome de guerra, claro, como o de Ademir também. Pele morena, cabelos pretos, usava bigodes e sorria simpático. Levou-nos a um restaurante especializado em peixes e frutos do mar. "Vocês vão ter um jantar de despedida à altura", prometeu ele, garantindo a qualidade da comida ali. A comida era boa e o vinho também. Satisfeito e quase alegre, despedi-me de Rosa e Ademir, que seguiriam direto para Buenos Aires na manhã seguinte. Eu e Wilson dormimos em Porto Alegre e no outro dia, cedo, rumamos em sua caminhonete para Jaguarão.

A função de Wilson era passar pela fronteira os membros de direção do partido. Para isso, fixara residência naquela cidade, onde se fizera conhecido e querido de todos. Formado em engenharia, mantinha um escritório especializado que lhe dava cobertura legal e justificava sua presença ali. Era uma dessas figuras abnegadas que entregam sua vida à causa revolucionária.

Na manhã seguinte, em sua casa, tomei banho e raspei o bigode, que se tornara desnecessário, uma vez que não ia mais usar a carteira de identidade falsa e sim o passaporte. Tomamos café e seguimos em direção à ponte que une, sobre o rio Jaguarão, os dois países. Meu coração batia forte, aproximava-se o momento decisivo. Wilson dirigia o veículo pelas ruas estreitas, enquanto eu, sentado ao seu lado, era só tensão e expectativa.

A rua que desembocava na ponte estava entupida de veículos: caminhões carregados de mercadorias, ônibus com turistas e carros de passeio. A certa altura do percurso, surgiu uma kombi vinda de uma rua transversal e tomou lugar à frente de nosso carro. Pouco adiante, ela parou. Wilson também parou, tirou do carro minha maleta e passou-a para a kombi, que imediatamente se distanciou. Wilson a seguiu. Momentos depois, divisei a entrada da ponte, onde o acúmulo de veículos era ainda maior.

— Sem a maleta, não nos pedem documentos.

Entendi, mas nem por isso me livrei da tensão que se manteve durante toda a demorada travessia. Quando atingimos o posto de fiscalização, Wilson abriu-se num sorriso e cumprimentou os policiais que examinavam os papéis dos viajantes.

— É meu amigo – disse apontando para mim.

Um dos policiais me cravou um olhar penetrante que me fez estremecer. Com um sinal, mandou que passássemos. Ao chegar ao outro lado do rio, fora do território brasileiro, senti uma estranha e inesperada sensação. Um peso enorme parece ter saído de minhas costas. Eram meses e meses de tensão que terminavam naquele momento.

— Você agora está fora do alcance deles – disse Wilson, batendo-me fraternalmente nas costas. – Vamos comemorar.

A comemoração foi mais tarde, num almoço regado a cerveja. Antes, fomos a um posto de imigração da polícia uruguaia, onde visaram meu passaporte.

15

Chegamos a Montevidéu na tarde do dia seguinte, depois de cruzarmos o Uruguai de carro. Com poucas horas de viagem já ocorria um fato desagradável: uma pedra, lançada do leito da estrada pela roda de um caminhão, estilhaçou nosso para-brisa. Levamos um susto horrível, mas nenhum de nós se feriu. A dificuldade foi viajar muitos quilômetros com o vento sufocante batendo na cara até chegarmos a um povoado onde conseguimos um novo para-brisa, o que determinou um atraso em nossa viagem. Dormimos no povoado e, por volta das quatro da tarde, chegamos a Montevidéu. Atravessamos, de lancha, o estuário do Prata e, no começo da noite, chegamos ao pequeno hotel da calle San Martín, onde Ademir e Rosa nos esperavam.

Saudamo-nos com a alegria de velhos companheiros e fomos jantar num dos restaurantes *papas fritas* que àquela época eram comuns no centro de Buenos Aires. Depois da conversa animada narrando nossas atribulações para chegarmos até ali, passou-se a tratar das providências para a continuação da viagem e concluímos que devíamos voltar para Montevidéu.

— Voltar? Mas que chato! – disse Rosa.

— É que todos os aviões que partem daqui para a Europa param no Rio – expliquei-lhe. – E eu não posso correr o risco de ser tirado de dentro do avião pela polícia brasileira.

16

O avião que tomamos parou em Joanesburgo, na África do Sul, e depois em Londres, onde mudamos de aeroporto e voamos para Paris. Durante a longa viagem até Londres, pude conhecer melhor a moça que me fora confiada.

Rosa era filha de um tipógrafo que fizera carreira no partido, tornando-se militante profissional e finalmente membro de direção estadual em São Paulo.

— E você, é do partido também?

— Não – respondeu-me com um sorriso.

— O que vai fazer em Moscou? Estudar?

— Isso é o desejo de meu pai.

— Mas não é o seu, pelo visto.

— Preferia ficar em São Paulo com a minha turma, claro.

— Entendo.

— É que estava namorando um rapaz, sabe? E meu pai, quando descobriu, ficou zangado. Diz que o rapaz não me servia.

— Não te servia?

— A família dele é rica. Ele tem carro e tá sempre com grana no bolso... Meu pai disse que ele estava querendo se aproveitar de mim.

— E você, acabou o namoro?

— Não. Disse que ia acabar mas não acabei. Inventei passar férias com uma amiga e fui com ele pra Bahia. O velho desconfiou, me imprensou e eu contei tudo, sabe? Contei logo tudo...

— Entendo. E foi por isso que ele...

— É, tá me mandando pra Moscou. Pra eu não me "perder", como ele diz.

Sorri, cúmplice.

— Mas pode ser bom pra você, Rosa. É sempre bom conhecer outros países, especialmente um país como a União Soviética.

— Pode ser – falou ela, não muito convencida.

17

Escolhi ficarmos no Hotel Suez, no Boulevard Saint-Michel, o mesmo em que estivera, três anos atrás, com Thereza. Era barato e simpático. Só que, quando chegamos lá, o hotel estava modernizado, menos simpático e mais caro. Meu desconhecimento da cidade e a pouca prática em viagens internacionais me aconselhavam a ficar ali mesmo, embora meu dinheiro fosse curto, tanto quanto o de Rosa.

— A gente fica no mesmo quarto – sugeriu ela – e racha as despesas.

Era a ideia que me havia ocorrido, mas, por cautela, calara. Não sabia o que a moça iria pensar se sugerisse ficarmos no mesmo quarto.

— *Une chambre à deux lits* – pedi ao encarregado da portaria.

Ele me entregou as duas fichas.

Momentos depois estávamos num quarto abafado, com uma janela que se abria para a parede do prédio ao lado e uma só cama, larga e mole.

— Pedi um quarto com duas camas e olhe o que ele nos deu.

— A gente se arranja – respondeu Rosa, que já tirara a blusa, a saia e, enrolada numa toalha, se encaminhou para o pequeno boxe.

Era uma tarde doce, de final de verão, em Paris. De banho tomado, roupas limpas, andamos até a Notre-Dame, que eu queria mostrar a Rosa.

— Esta igreja já existia há três séculos quando o Brasil foi descoberto – disse-lhe eu.

— Ah, é? – falou Rosa, sem se mostrar impressionada.

Mas eu não desisti.

— Já ouviu falar no corcunda de Notre-Dame?

— Não me diz que era nessa igreja que ele...

— É, na imaginação de Victor Hugo, claro...

Saímos caminhando em direção ao Sena por onde deslizavam barcos cheios de turistas. Adiante, descemos por uma escadaria e fomos nos sentar num trecho da margem, coberto de grama. De repente me dei conta da estranha situação em que me encontrava. Que faço eu em Paris a esta hora da tarde? Tudo o que ocorrera até ali tinha a inconsistência de um sonho, era como se não houvesse de fato acontecido. Com um aperto no coração, lembrei-me de minha casa, de meus filhos, da Thereza e do meu gato siamês. Era um sentimento contraditório o que me assaltava naquele instante: sentia falta das pessoas e da minha vida, mas ao mesmo tempo a sensação era de alívio e liberdade. Um propósito perverso parecia ter se instalado dentro de mim.

No dia seguinte, entrei em contato com Antônio Carlos, um exilado brasileiro, também membro do partido, que nos levou à embaixada da URSS e depois a uma agência da Aeroflot. Teríamos que esperar pelo sinal verde do governo soviético. Três dias depois partíamos do Le Bourget, rumo a Moscou.

Na hora do embarque tentei escamotear o passaporte. Estava convencido de que ninguém embarcava ali para Moscou sem que o governo do respectivo país fosse avisado disso. Mas o policial percebeu minha intenção e me pediu o passaporte, com irritação. Abriu-o, examinou-o com cuidado e fez qualquer coisa com ele, sob o balcão. *Deve estar fotografando-o*, pensei. Ao encaminhar-me para o avião, estava certo de que, no dia seguinte, o SNI saberia para onde eu tinha ido.

18

Quando o avião da Aeroflot pousou no aeroporto de Sheremetyevo, em Moscou, seria possivelmente cinco da tarde, devido à diferença de fuso horário. Tinha a sensação de passar para uma outra realidade, ou melhor, de uma realidade pouco consistente para a ficção: aquele país, na minha cabeça, eram as histórias e personagens de Gógol e Dostoiévski, de Tolstói e Tchekhov, a que se somavam as figuras épicas de Lênin, Stalin e Trótski, os poemas de Maiakóvski e as audácias pictóricas e plásticas de Malevich, Tatlin e Rodchenko. À medida que o avião se aproximava do solo, aumentava em mim a sensação de que eu descia não num país como os outros, mas numa outra dimensão da realidade, onde a tomada do Palácio de Inverno e a revolta do encouraçado Potemkin voltavam a ocorrer continuamente.

A sensação de irrealidade só se desfez quando, ao chegarmos à estação de desembarque, fomos recebidos por um homem baixo e narigudo que se apresentou como Igor, falando português de Portugal, e nos levou a três outras pessoas, dois homens e uma mulher, que falava português do Brasil e se chamava Ksênia. Um dos homens, que logo se afastou levando nossos passaportes e talões de bagagem, voltou minutos depois para dizer que podíamos ir.

— A moça vai comigo – disse-me Ksênia – e você vai com Igor.
— Para o mesmo hotel? – indaguei.
— Não. A moça fica na cidade...

— E eu vou pra onde?

Ksênia e Igor se entreolharam. Ela sorriu leve.

— Não se preocupe – disse Igor. – Vai passar uns dias numa casa de campo... uma espécie de casa de campo. Vamos?

Despedi-me de Rosa, que se encaminhou com Ksênia e um dos homens para um carro estacionado no lado oposto da rua, enquanto outro carro, trazido pelo homem que desembaraçara as bagagens, parava junto a nós.

Em breve estávamos numa autoestrada que, para minha surpresa, em nada diferia de qualquer outra autoestrada conhecida por mim, o que me provocava uma inexplicável decepção. A conversa com Igor não entrosava, limitando-se a perguntas e respostas óbvias. De qualquer modo, deu para saber que ele servira na embaixada soviética em Lisboa, onde aprendera português.

Após quase uma hora de viagem, tomamos por uma estrada de uma só pista e penetramos num bosque que se estendia por um terreno em aclive até uma várzea, igualmente coberta de árvores. Foi quando divisei adiante um prédio de estilo moderno, semelhante a um edifício de apartamentos.

— Chegamos – disse-me Igor. – Espero que goste da estadia aqui.

Alojaram-me num pequeno quarto mobiliado com o essencial: cama de solteiro, armário para roupas, mesinha de cabeceira e uma espécie de escrivaninha. Ao fundo, um pequeno toalete com vaso sanitário, pia e boxe. Tinha um companheiro de quarto, que adotaria o nome de guerra de Lourenço.

Desfiz a maleta, pus as roupas no armário, tomei um banho e, de pijamas, deitei-me na cama de cara para cima. Enfim, terminara a viagem, a longa viagem começada numa rua de Copacabana e concluída ali nas cercanias de Moscou. Uma viagem que eu, por livre vontade, jamais teria empreendido.

SEGUNDA PARTE

19

A tal casa de campo era de fato um centro de treinamento militar No dia seguinte, de manhã cedo, já estava eu participando, com outros hóspedes, de exercícios de ginástica ministrados por um jovem e atlético professor. Depois nos banhamos e fomos todos para o refeitório, onde nos serviram farto café da manhã com leite, iogurte, queijo, geleia e frutas, além de pães e biscoitos.

Só tomei conhecimento do que realmente estava fazendo ali na aula que começou por volta das dez da manhã e onde um instrutor explicou-nos o funcionamento e o poder de fogo do fuzil usado pela FAL e do Kalachnikov, de fabricação soviética. Ele falava fluentemente o espanhol. Desmontou as armas peça por peça e anunciou que mais tarde teríamos oportunidade de aprender a usá-las. Quando, ao final da aula, franqueou a palavra a quem tivesse perguntas a fazer, indaguei por que me tinham levado para um centro de instrução militar quando a linha do Partido Comunista Brasileiro era pacífica e, por conseguinte, não visava à luta armada. Significava que a linha pacífica era apenas uma tática para encobrir a verdadeira estratégia do partido?

Ao formular a pergunta, percebi que ela soara inconveniente. Mas o instrutor não se abalou. Explicou-me que o objetivo de nossa permanência ali era adquirir adestramento militar básico, imprescindível na luta revolucionária. Não conflitava com a orientação dos partidos que adotaram o caminho pacífico para chegar ao poder. "É que às vezes, independente da vontade dos comunistas, o adversário impõe a violência e os obriga a pegar em armas. Convém estar preparado para tais eventualidades", esclareceu.

O adestramento prosseguiu nos dias subsequentes com exercícios de tiro (havia dependências destinadas a isso no subsolo do edifício), luta livre e transposição de obstáculos, que me obrigaram a um esforço físico extenuante, a que não estava habituado. Certa manhã, meu corpo doía tanto que solicitei dispensa dos exercícios, no que fui atendido quase que com pedidos de desculpas por parte de Igor. Aproveitei-me disso para limitar minha formação militar às aulas teóricas e aos exercícios de tiro ao alvo, que eram bastante divertidos.

Ao fim de duas semanas ou um pouco mais, fui transferido para Moscou e alojado numa *obschezhitija*, espécie de moradia coletiva de estudantes, onde passei a dividir um quarto com um jovem brasileiro. Ele me foi apresentado como Walter, pelo chefe do coletivo brasileiro, ao qual passei a pertencer a partir daquele dia, sob o pseudônimo de Cláudio.

Já anoitecia quando cheguei à *obschezhitija*. Curioso e ao mesmo tempo tomado de inquietação, decidi sair para conhecer o bairro. Estava no outono e o tempo já era frio para mim. Só me dei conta disso quando já caminhara por várias quadras. Então, decidi voltar, mas logo percebi que não sabia o caminho e nem mesmo tivera o cuidado de verificar o nome da rua e o número da casa onde estava hospedado. Depois de andar sem rumo, entrei em pânico. Não sabia voltar e não podia recorrer à ajuda de ninguém, já que não sabia uma só palavra de russo. Senti-me um cretino.

A muito custo, consegui lembrar que a residência tinha portas de vidro duplas e dois ou três degraus de pedra na saída para a rua. O alívio que tal lembrança me despertou não durou muito, pois logo verifiquei que quase todas as casas tinham essas mesmas características. Assustado, detive-me numa esquina, sem saber que providência tomar. Teria que passar a noite ao relento? Foi então que ouvi uma voz atrás de mim.

— Tudo bem, camarada?

Era um dos brasileiros a quem havia sido apresentado poucas horas antes.

— Na verdade, estou é perdido – desabafei.

Ele riu.

— Como perdido? A *obschezhitija* está logo ali adiante. Basta atravessar a rua.

Atravessamos a rua e entramos na casa.

20

O Instituto Marxista-Leninista* – ou Escola do Partido – famoso por seu papel na formação de quadros para o movimento comunista internacional, ficava a poucas quadras da nossa residência coletiva, o que nos permitia fazer o percurso a pé.

Não havia nada escrito na fachada ou na porta, mesmo porque, como soube mais tarde, o Instituto era clandestino, ou seja, afora os dirigentes do PCUS e os membros ligados ao trabalho da instituição, ninguém em Moscou sabia o que funcionava naquele prédio.

Na verdade, comunistas vindos de todas as partes do mundo ali recebiam os ensinamentos considerados imprescindíveis à luta revolucionária. Falavam-se, entre aquelas paredes, as mais diferentes línguas, do árabe e turco ao português e espanhol, do grego e do finlandês ao holandês, francês e alemão. Tradutoras e tradutores cruzavam os corredores, conduzindo as turmas de uma sala de aula a outra, ou orientando os recém-chegados para que aprendessem a comprar, sozinhos, na lanchonete, seu refrigerante, seu cafezinho, seu maço de cigarros.

Os estudantes – cujas idades variavam de pouco mais de vinte a mais de quarenta anos – eram organizados em coletivos, segundo suas respectivas nacionalidades. Esses coletivos

---

* Hoje funciona ali o Instituto Gorbachev.

tinham uma espécie de comitê diretor com um chefe, sempre um dirigente do partido.

No meu primeiro dia, fui levado à secretaria do Instituto, onde, com a ajuda de Ksênia, respondi às perguntas necessárias ao preenchimento de uma ficha. Ali ficou estabelecido que, conforme minha própria opção, faria um curso de metodologia de *O capital*, de Karl Marx, mas também assistiria a aulas de russo, história do PCUS, materialismo dialético e materialismo histórico, que faziam parte do currículo obrigatório. Além disso, haveria cursos optativos de filosofia, estética etc.

Afora a lanchonete – *stalôvaia* –, havia ali um restaurante bastante amplo, onde comiam centenas de estudantes. As refeições – como de resto tudo o mais que se consumia no Instituto – eram pagas pelos estudantes que, para essa e outras despesas, recebiam uma espécie de ajuda mensal de oitenta rublos. Esse dinheiro dava de sobra, uma vez que era tudo muito barato ali dentro, e mesmo fora, como o metrô, o ônibus, os livros e os discos.

Nossa rotina diária era, após o banho e o café da manhã, rumar para o Instituto, onde as aulas começavam às nove. Ali almoçávamos e permanecíamos até as quinze ou dezesseis horas, quando então retornávamos à *obschezhitija* para prepararmos as lições do dia seguinte. A parte mais divertida dessa rotina era a ida à *stalôvaia* nos intervalos das aulas. Esse era também o lugar mais simpático do Instituto, com suas mesas arredondadas e baixas, rodeadas de cadeiras leves, de plástico. No balcão, ao fundo, se servia o café ou o refrigerante que cada um comprava e trazia para sua mesa. As pessoas se agrupavam, primeiro, conforme o país e o partido, depois conforme a língua. Assim, aos poucos iam se misturando os argentinos, os costarriquenhos, os chilenos, os uruguaios, do mesmo modo que os brasileiros e os portugueses, os jordanianos, os sírios, os iranianos.

Foi num desses intervalos de aula que me senti observado. Ergui a vista e me deparei com dois olhos verdes, oblíquos, fitando-me. Estremeci. Era uma mulher jovem e muito bonita. Por que me olhava? Abaixei a vista e sorvi um gole do café. Levantei o olhar e de novo a flagrei fitando-me. Ela pareceu se perturbar. Num rompante, pegou a bolsa, levantou-se e saiu. Depois que passou por mim, pude observá-la: era alta, esguia e tinha os cabelos presos atrás por um coque. Logo soou a campainha informando o início da próxima aula, saí também.

Durante a aula de materialismo dialético não consegui me desligar do olhar verde da moça. De repente, tive a impressão de já tê-la visto antes. "Mas não ali na *stalôvaia*", disse-me. Onde então? Fui aos poucos juntando os indícios até que a lembrança chegou de chofre: subi ao segundo andar, onde havia uma série de fotos sobre as atividades do Instituto e lá estava ela, um pouco mais jovem, com fones no ouvido. A legenda da foto falava no trabalho de tradução simultânea durante um congresso internacional. Detive-me contemplando-a: ela era realmente encantadora. Só não entendia por que razão me olhava.

No dia seguinte pela manhã me plantei na *stalôvaia* à espera dela. A campainha chamou para a aula e ela não apareceu. No primeiro intervalo, tampouco. Só na hora do almoço, quando já me sentara a uma mesa com Walter, meu colega de quarto, e Kapústin, um dos membros do PCUS, responsável pelo grupo brasileiro, ela surgiu. Cruzou o restaurante seguida por três rapazes do coletivo nicaraguense e foi sentar-se junto a uma das janelas, de frente para mim. Nosso olhar se cruzou, fixei-a, ela desviou os olhos. Kapústin pareceu ter percebido alguma coisa, mas se calou. Terminado o almoço, fomos para a *stalôvaia*, que ficava ao lado, tomar o cafezinho. De repente, ela vem caminhando em direção a nossa mesa e se dirige a Kapústin, falando baixo, em russo. Em seguida, sem me olhar sequer, afasta-se. Fico certo de que ela usara daquele pretexto para chegar bem perto de mim. Era um sinal.

21

A primeira aula de metodologia de *O capital* deixou-me fascinado. O professor era um espanhol simpático, de sobrenome Mansilla, que viera para Moscou muito jovem, por ocasião da guerra civil, e ali permanecera. Mais tarde, contou-me que, após a Revolução Cubana, mandaram-no a Havana a fim de ensinar economia política a Fidel Castro e Che Guevara.

— Fidel era um aluno aplicado e estudioso. Guevara, brilhante – confidenciou-me.

A nossa turma tinha menos de dez pessoas, entre as quais um jovem português, de nome (de guerra) Alfredo, de quem me tornaria amigo.

Mansilla começou analisando a frase com que Marx inicia *O capital*: "Na superfície da sociedade capitalista, a riqueza aparece sob a forma de mercadoria." Chamou nossa atenção para o verbo "aparece" e para a expressão "na superfície", a fim de demonstrar que, para Marx, a mercadoria não é a riqueza, mas apenas a forma como esta se manifesta nesse tipo de sociedade. Isso é o que aparece na superfície, porque, no fundo, o que o valor de troca dissimula é a força de trabalho contida em cada mercadoria, e que constitui o verdadeiro valor.

Essa explicação foi a chave que me revelou o pensamento dialético e a metodologia com que Marx construiu a sua obra mestra. Mansilla era um professor simples e instigante.

— Você é pai?

— Sou. Tenho três filhos.
— Mas também é filho, não é?
— Claro.
— Então você é duas coisas contraditórias ao mesmo tempo: pai e filho.
— É verdade.
— Pois bem. Esta caixa de fósforo é uma coisa que você usa, logo tem para você valor de uso.
— Certo.
— Mas para o homem que a vendeu ela não tinha serventia, ele só queria vendê-la. Logo, para ele, a caixa de fósforo só tinha valor de troca.
— Correto.
— Então, a mercadoria é uma coisa contraditória. Assim como você, que é pai e ao mesmo tempo filho, ela é valor de troca e ao mesmo tempo valor de uso, sendo que, na sociedade capitalista, onde tudo se vende e se compra, aparentemente o único valor que existe é o de troca; mas, na verdade, o valor de uso constitui o conteúdo material da riqueza, o veículo material do valor de troca.

Terminada a aula, Mansilla nos passou, como dever de casa, o resumo do primeiro capítulo de *O capital*. "Era assim que Lênin estudava", informou ele, "e essa é a melhor maneira de efetivamente assimilar o que se lê." Fui direto para o quarto e entreguei-me de corpo e alma à minha tarefa. Por algumas horas, parei de pensar na moça de olhos verdes.

22

Duraram vários dias as manobras de aproximação. Cada vez mais eu me convencia de haver despertado nela algum interesse, qualquer que fosse. Isso me espicaçava a curiosidade e ia se tornando um desafio: eu tinha que tirá-lo a limpo.

A oportunidade surgiu quando a vi sentar-se à mesa de um casal brasileiro – Sérgio e Elza – com quem eu frequentemente conversava. Ainda na véspera ela me vira almoçando com eles. Era o sinal verde para que eu me aproximasse. Não hesitei, fui ao balcão, peguei uma xícara de café e me dirigi para a mesa onde ela estava. Sérgio, sempre gentil, logo me chamou.

— Cláudio, senta aqui com a gente.

Pus a xícara sobre a mesa e puxei uma cadeira.

— Esta é Elôina, conhece?

— Não tive ainda o prazer. Meu nome é Cláudio.

Ela fixou os olhos nos meus como se quisesse me hipnotizar.

— *Yo lo conosco...* – disse ela – *de verlo por allá...*

— Eu também já tinha visto você...

— *Significa que no somos invisibles!* – gracejou ela.

— Elôina é tradutora de espanhol – disse Sérgio –, mas prefere a companhia dos brasileiros...

Ela ficou levemente corada.

— *Esto no puede decirse, Sérgio. Que indiscreto lo es!*

Enquanto ela falava, pude observá-la. Sua pele era branca como mármore, seu rosto quase redondo, com os pômulos salientes, a boca bem desenhada e os olhos oblíquos, orientais, com duas esferas verdes brilhando apertadas ali dentro. *É uma princesa*, pensei comigo e tive ímpeto de dizer-lhe isso. Mas neste momento a cigarra soou chamando para a aula. Sérgio e Elza se despediram e se foram.

— *Debo irme* – disse-me ela levantando-se.

— É uma pena – falei olhando-a nos olhos.

Ela sorriu e saiu andando apressada. Acendi um cigarro e me encaminhei para a aula de russo, a cabeça cheia de fantasias. No corredor, encontrei-me com Ksênia.

— Como que se diz "eu te amo" em russo?

Ela riu.

— Por que você quer saber isso, Cláudio?

— Por nada. Como é que se diz?

— *Iá tebiá liubliú*.

— *Spacíba, továrisch!* – agradeci brincando e me fui.

23

Walter era paulista e torneiro mecânico de profissão. Já estava em Moscou havia perto de um ano e devia voltar para o Brasil dentro de alguns meses. Ele era quase tão magro quanto eu, mais alto que baixo e usava óculos. Metera-se com uma russa desquitada e a engravidara. No primeiro momento, entusiasmou-se, mas ficou preocupado.

— Já imaginou eu no Brasil com um filho aqui em Moscou? Nunca mais ia ter sossego.

Finalmente, decidiram tirar o filho. Ela já tivera, com o ex-marido, uma menina que sua mãe criava. Ao saber da nova gravidez, a velha estrilou: não ia ficar servindo de ama seca às crianças que a filha arrumasse por aí. No dia em que ela fez o aborto, Walter chegou arrasado. Nunca imaginara que aquela decisão o atingiria tanto.

— Nós matamos uma criança – falou-me ele, com os olhos cheios d'água. – Matamos nosso próprio filho!

Esse trauma determinou o fim da relação deles. Como já não tinha com quem passear nem outros motivos para sair, dedicou-se seriamente a escrever a tese de conclusão do curso. Mergulhou na leitura de livros de Lênin e nas apostilas e manuais que o próprio Instituto fornecia. Certo dia, comentou comigo:

— Esses filósofos são mesmo malucos. Teve um que chegou a afirmar que as coisas não existem, são produtos de nossa imaginação?! E Lênin ainda escreve páginas e páginas para demonstrar que o cara está errado, como se isso fosse necessário! Um operário nunca vai pensar que as coisas só existem na imaginação! Sabe por quê? Se ele bobeia, a ferramenta corta o dedo dele fora! Tem que ser mesmo filósofo pra pensar uma maluquice dessas!

24

Durante o tempo que estudei no Instituto, o coletivo brasileiro se compunha de dez pessoas mais ou menos. Esse total variava, em função da chegada de alguns antes do retorno de outros.

Dentre os que chegaram comigo, estava o Luiz, um garotão de São Paulo, alto, atlético e brincalhão, que vivia contando suas aventuras com viados. Havia ainda dois casais: um, jovem, de nordestinos, e um outro, mais velho, de mineiros. Gonçalves, que chefiava o coletivo, ao voltar para o Brasil, transferiu a chefia a Júlio, que era mais velho, risonho e inseguro.

Lourenço era um mulato sonso. Conheci-o no Rio, durante uma convenção clandestina do partido em 1969. Agora, em Moscou, só pensava em comer as russas. Faltava às aulas, não abria os livros nem passava os olhos nas apostilas. Mal chegava ao Instituto, inventava um pretexto para sair. Sair para "caçar", conforme dizia.

— Mas como é que você faz, cara, sem saber uma só palavra de russo?

— Caço sempre no parque. Vejo a mulher, sigo atrás e vou me aproximando como quem não quer nada. Às vezes, ela está empurrando um carrinho de bebê. Eu peço pra ver a criança.

— Por mímica?

— É. Gesticulo, ela entende e me mostra o bebê. Aí a coisa vai... Quando chega num ponto mais escondido, se vejo que não vem ninguém, dou um acocho nela. O pau fica duro, aí eu faço ela pegar nele, assim por cima da calça. É tiro e queda.

— Quantas você já caçou?

— Nesses quatro meses, já arrumei cinco namoradas. E continuo com três.

— Ah, não fica só na primeira vez não?

— As russas se amarram num mulato, cara! Mas tem um problema. Todas elas ficam com medo de pegar filho. E aqui não tem camisa de vênus pra vender. Sabia disso?

— E como vocês fazem?

— Não gozo dentro. A gente vai, vai, mas, na hora de esporrar, tira. É chato pra burro!

— Tem que se controlar muito.

— Uma vez não deu pra segurar. Esporrei dentro. Rapaz, a russa ficou furiosa, só faltou me bater. Saiu correndo pro banheiro, ficou lá se lavando e resmungando. Nunca mais quis trepar comigo.

25

Em Moscou passei a conhecer melhor o PCB, já que só então trabalhei e convivi com os quadros profissionais do partido, com seu aparato clandestino, e percebi que a muitos de nós faltava a mística do revolucionário, a convicção inabalável que determina o cumprimento rigoroso das decisões e o sacrifício sem limites. Não é que o partido não tenha tido mártires e que, entre seus membros, não houvesse homens corajosos, idealistas, capazes de morrer por suas ideias. Durante aquele período mesmo em que me encontrava na URSS muitos companheiros foram presos, torturados e assassinados pela ditadura no Brasil. Era talvez a disciplina interna que, como reação aos excessos da fase stalinista anterior, relaxara demais, ou quem sabe, uma consequência da nossa maneira brasileira de encarar a vida e os valores, com espírito crítico e algum ceticismo.

A verdade é que, por exemplo, enquanto os comunistas dos outros coletivos andavam com o escudo de seus respectivos partidos na lapela, nós, brasileiros, nem mesmo possuíamos esse escudo. É um exemplo simples mas que ganha expressão se atentarmos para o modo como os membros de nosso coletivo se relacionavam com os dirigentes, que se refletia no seu comportamento e no trato sem reservas de todos os problemas, mesmo aqueles que envolviam questões de segurança. Não há dúvida de que esse relacionamento interno do PCB era louvável do ponto de vista democrático; resta saber é se era eficaz para a ação revolucionária. De qualquer modo, essa é uma questão superada pelo processo histórico.

De minha parte, às vezes me surpreendia e às vezes me divertia muito com certos fatos que presenciei ou outros que me foram narrados. Um companheiro que viera a Moscou em companhia do secretário-geral do PCB, Giocondo Dias, contou-me que encontrara, no hall do hotel onde estavam hospedados, com o secretário-geral do Partido Comunista Português, Álvaro Cunhal. Ao saber que Giocondo, também ali hospedado, deveria descer dentro de instantes, decidiu esperá-lo.

— Como vai a luta revolucionária no Brasil, camarada? – perguntou, efusivo e grave, o dirigente português ao cumprimentar Giocondo Dias.

— Aquilo está uma merda, companheiro – respondeu Giocondo, para desapontamento de Cunhal.

Também foi com os companheiros portugueses que ocorreu uma conversa de que participei na lanchonete do Instituto. Estávamos ali, eu, Luiz, Sérgio e Júlio com dois companheiros portugueses, um deles o Alfredo, que fazia comigo o curso de *O capital*.

Alfredo falava com entusiasmo de um certo Manuel, um dos heróis de seu partido, que havia passado anos no cárcere e que um belo dia conseguira escapar.

— Era tal sua consciência partidária e revolucionária – afirmou Alfredo – que, ao sair da prisão, Manuel nem sequer foi ao encontro da esposa, que não via há vários anos. Engajou-se imediatamente na ação revolucionária clandestina.

— Não me diga, camarada! Com tantos anos sem ver mulher, o Manuel não foi nem em casa dar uma bimbadinha na patroa? – indagou Luís.

Alfredo, surpreendido com a pergunta, não soube o que responder logo.

— Me explica uma coisa – continuou o brasileiro –, você disse que ele saiu da prisão ajudado por um cabo do exército, não foi?

— É o que consta sobre o episódio.

— Ah, bom, então está explicado... Não se zangue, não, camarada Alfredo, mas entre o Manuel e esse cabo havia alguma coisa!

— Não percebo aonde o camarada Luiz quer chegar.

A essa altura já todos nós, brasileiros, estávamos fazendo força para não explodir em gargalhadas. E Luiz continuou:

— Veja você: o cabo dá fuga ao Manuel e o Manuel não procura a esposa, claro, porque ele já estava amasiado com o cabo.

Alfredo ficou indignado.

— Camarada Luiz, devia referir-se com mais respeito a um grande herói do Partido Comunista Português. O que acaba de dizer é uma indignidade e uma injustiça com um mártir da nossa revolução. Gostaria de saber o que farias tu, se estivesses encarcerado no lugar dele.

— Eu? – respondeu Luiz – Eu dava o cu ao cabo!

Diante de semelhante resposta, Alfredo e seu companheiro se levantaram da nossa mesa, indignados, e romperam relações com Luiz. Mal se afastaram, voltamos a rir sem parar.

Outro episódio, este nada engraçado, ocorreu com um membro do PCB, enviado a Moscou com a tarefa específica de entregar aos camaradas soviéticos a lista de nomes dos novos alunos que viriam estudar no Instituto. Essa lista não poderia em hipótese alguma cair nas mãos da polícia, já que poria em risco a segurança de todas aquelas pessoas e a dos membros de direção a que estivessem ligadas. Por isso, era levada à União Soviética, em mãos, por um membro da direção nacional do partido. Ocorreu, no entanto, que o companheiro em questão, ao chegar a Paris, tomou um porre e perdeu a lista. Que fazer então? Voltar para o Brasil não podia, mesmo porque não tinha dinheiro para a passagem. Seguiu então para Moscou e chegando ali contou o fato ao responsável pelo coletivo brasileiro.

— É um porra-louca – disse-me Gonçalves, depois de narrar-me o ocorrido.

No dia seguinte, porém, ao tomar café em companhia de Kapústin, ouvi dele uma nova versão do fato.

— O camarada brasileiro que trazia a lista de nomes dos novos alunos teve um comportamento admirável, você soube?

— Admirável? Como assim?

— Ao transpor a fronteira, foi detido pela polícia brasileira para averiguações, e não hesitou: engoliu a lista.

Fiquei sem saber o que dizer.

Impressão muito diferente me causaram Luis Carlos Prestes e Gregório Bezerra, que naquela época viviam em Moscou. Prestes, em sua austeridade sem afetação, era gentil no trato e inspirava confiança e respeito. Gregório conservava a simplicidade de homem do campo, afetuoso, inabalável em suas convicções. Estive na casa de Prestes algumas vezes, quando conheci Maria, sua companheira, que me tratou com cordialidade e simpatia. De Gregório tornei-me amigo, particularmente depois que aceitei rever o texto de seu livro de memórias. Durante esse trabalho, lembrou-se do poema que eu havia escrito sobre ele, quando estava preso em Recife. Era um cordel intitulado *História de um valente* que fiz, em 1967, a pedido do partido, para ajudar na campanha em favor de sua libertação. Para me resguardar, assinei o poema com o pseudônimo de José Salgueiro.

Gregório quis incluí-lo no livro. Escrevi a Thereza pedindo que tentasse encontrar um exemplar do folheto, mas ela não conseguiu. Um historiador pernambucano, Paulo Cavalcanti, atribuiu a autoria do meu cordel a um poeta popular. Mais tarde, Ênio Silveira, ao publicar as memórias de Gregório, repetiu essa informação errada.

26

Uma vez apresentados um ao outro, eu e Elôina passamos a nos cumprimentar quando nos cruzávamos nas salas e corredores, mas, se um de nós estava sozinho na mesa, o outro não tinha coragem de ir sentar-se ali. Por isso mesmo, era o casal Elza e Sérgio que nos oferecia a possibilidade de sentarmos juntos.

Naquele dia ocorreu que, quando ela veio juntar-se a nós, Elza e Sérgio logo se foram, pois haviam marcado consulta médica àquela hora.

— Agora não tem jeito – disse-lhe eu brincando –, estamos só nós, um diante do outro.

— E o que vai fazer? – perguntou ela em espanhol.

— Vou assediá-la.

Ela deu um gole no café, e falou:

— Pois saiba que eu nasci em Sebastopol, a base militar inexpugnável do Mar Negro.

Sorriu para mim de dentro de seus olhos verdes, oblíquos, encravados num rosto branco feito giz.

— Quer dizer que toda e qualquer investida contra você está condenada ao fracasso?

— Depende.

— Depende de quê?

— Da correlação de forças, camarada!

— Noto que você é arisca e está sempre alerta como uma corça. Pronta a escapar.

— Por falar nisso, tenho que ir agora...
— Não disse? A corça foge.
— Cabe ao caçador caçá-la, não é assim?
Ela se levanta.
— Pode me responder a uma pergunta?
— Talvez.
— Por que usa o cabelo assim tão preso?
— Não gosta?
— Gosto, mas, se o soltasse, talvez você ficasse mais livre também.
— Vou examinar sua sugestão... *Hasta luego.*

Fiquei ali, entre atordoado e feliz. "Cabe ao caçador caçá-la." Ela estava me estimulando a cortejá-la, claro! Saí andando à toa e fui parar em frente à foto dela, no segundo andar. Usava o mesmo cabelo partido ao meio e preso atrás no coque, pulôver de mangas compridas e uma saia que deixava a descoberto, até a altura dos joelhos, as pernas longas e fortes. Excitado, imaginei como seriam as suas coxas, firmes, volumosas, sob o tecido espesso. Era irresistível aquele rosto de menina em contraste com um corpo de mulher.

27

Debruçado à janela de meu quarto, vi uma senhora passar com uma menina na calçada em frente, sob um guarda-sol azul-celeste. *Estou mesmo em Moscou!*, disse espantado a mim mesmo. *Não é sonho não!*

Até aquele dia, meses após ter chegado à URSS, não me convencera de que de fato aquilo era a vida real. Agora, ao ver a senhora com a menina, às três da tarde, indo talvez para o cinema, sob um guarda-sol azul, caí na realidade. E senti um aperto no coração: que estarão fazendo a esta hora meus filhos, Thereza, meus amigos no Rio? E meu gatinho Camilo? O verão irrompeu na lembrança, a praia de Ipanema sob o sol ardente, repleta de banhistas, os amigos rindo, a cerveja gelada. Senti-me injustiçado. Por que logo eu tinha que estar no exílio? Afinal nunca havia sido um militante político, nunca pusera a política adiante da poesia e da arte. Fora levado pelas circunstâncias a participar da luta em favor das reformas sociais e depois contra a ditadura que se instalara no país. E de repente encontrava-me em Moscou numa escola internacional de formação de quadros revolucionários como se fosse meu objetivo tornar-me um profissional do partido, um líder revolucionário. Não era nada daquilo!

Arrasado, deitei-me na cama e busquei um livro qualquer para ler mas não consegui fixar minha atenção na leitura. A falta de notícias do Brasil agravava meu abatimento. As cartas demoravam para chegar porque eram enviadas antes para a Itália, de onde um companheiro do PCI as mandava para o Brasil. As respostas seguiam o mesmo caminho, ao inverso.

— Às vezes o companheiro viaja e aí a correspondência atrasa mais ainda – explicaram-me.

Felizmente, naquela noite, me informaram que íamos fazer um passeio a Leningrado no próximo fim de semana.

— E a Elôina vai – confidenciou-me Fábio, o único a quem falara de meu interesse por ela.

— Como soube?

— Os nicaraguenses também vão. Ela não é a tradutora deles?

Adormeci sonhando com a viagem.

28

No ônibus, a caminho da estação ferroviária, Elôina e Ksênia prestavam informações aos brasileiros e ibero-americanos que participavam da excursão. Eu só prestava atenção a ela que, sentindo-se observada, pareceu perturbar-se. Em dado momento, aproximou-se de mim e sussurrou.

— Quer parar de me olhar desse jeito?

Antes que eu respondesse, voltou ao seu posto junto ao motorista e retomou o discurso de cicerone. Evitei olhá-la, temendo ser inconveniente, e puxei conversa com Fábio, que se sentara a meu lado. Quando descemos do ônibus, ela encontrou um jeito de emparelhar comigo.

— Não faça de conta que eu não existo.

— Não foi você quem pediu pra eu não te olhar?

— Não me olhar daquela maneira.

— De que maneira?

— Com um olhar vazio, como se não me visse.

— É que eu às vezes desligo.

— Já percebi.

Ela se afastou apressadamente pois entrávamos na gare. Fábio me lançou um olhar cúmplice e se aproximou.

— Ela está a fim, cara, pode crer!

— A fim pode estar, resta saber de quê – falei por falar.

Eram umas vinte horas quando o trem partiu. A viagem duraria a noite inteira. O coletivo brasileiro ocupou alguns camarotes contíguos, o que facilitava a conversaria em voz alta, os risos e piadas, de que Ksênia participava com discrição.

Ksênia, que devia ter uns trinta e cinco anos, era gordota e simpática. Gostava de falar de literatura, de música e pintura, fazendo-o com inteligência e sensibilidade. Graças a ela consegui discos com músicas de Shostakovich, Mussorgsky, Prokofiev, Khachaturian. Falava-me de poetas e romancistas, alguns pouco conhecidos, mesmo na URSS.

Estávamos conversando no corredor do vagão, quando chegou Elôina, que viajava noutro carro com o coletivo nicaraguense. Perguntou por Elza e Sérgio e foi juntar-se a eles, no camarote onde estavam, no final do vagão. A presença dela me deixou inquieto e desatento da conversa com Ksênia, que se deu por cansada e foi acomodar-se num banco. Fiquei ali, em pé, olhando para fora do trem, onde nada se via, além de algumas luzes distantes na escuridão da noite. As conversas diminuíram, uma boa parte dos companheiros adormecera.

— Não está com sono?

Era a voz de Elôina, quase um sussurro. Voltei-me sorrindo e deparei com seu olhar, agora alegre, brincalhão.

— Com você por perto, eu não durmo – falei.

— Neste caso, devo ir embora?

— E quem disse que eu quero dormir?

Riu. E começamos uma conversa que se estendeu por horas. Ela sabia mais sobre o Brasil do que eu supunha. Mas a maior parte do tempo me falou de Pushkin, de seu poema *Evguiêni Oniéguin* e dos amores do poeta. Adorava a música romântica e especialmente uma canção que ela cantarolou baixinho para mim:

Gari, gari
maiá, zvezdá

— O que quer dizer?
— Brilha, brilha, minha estrela... Não é linda?
— Linda como você disse eu, sem me conter.
Ela me olhou fundo nos olhos.
 Vamos dormir. Temos muito o que fazer amanhã.
Quando deixou o vagão, recostei-me na poltrona e adormeci ao embalo do expresso Moscou-Leningrado, que agora voava entre as estrelas

29

A temperatura em Leningrado aquela manhã era de trinta graus abaixo de zero. Reunido no hall do hotel, o coletivo brasileiro ouvia uma advertência de Ksênia.

— Chamamos a atenção dos fumantes para que não fumem na rua.

— Não fumar na rua por quê?

— Pra não jogar cinza no chão, não sujar a cidade! – brincou Luiz.

Ksênia riu.

— Cinza no chão até que podem jogar, mas fumar tem o perigo de pegar pneumonia, porque a pessoa, quando traga, aspira ar frio pela boca.

— Mas pelo nariz pode, ou não?

— Pelo nariz não tem perigo porque todos nós possuímos aqui na testa uma espécie de retorta por onde o ar passa antes de chegar aos pulmões. Tendo que dar tantas voltas, ele esquenta e quando chega aos pulmões está na temperatura do corpo. Mas o ar que entra pela boca não esquenta. Entenderam?

— Palmas para ela pela brilhante explanação! – falou Luiz e, de farra, todos aplaudiram.

Enquanto ela falava eu só pensava em Elôina, que não aparecera. Soube depois que havia seguido, cedinho, com os grupos de fala espanhola, para visitar o museu histórico da cidade. Nós fomos visitar o torpedeiro *Aurora*, que tivera papel fundamental na Revolução de 1917. De volta ao hotel, na hora do almoço, apenas a vi de longe, numa das mesas do vasto restaurante. Antes que terminássemos de comer, já ela saía com seu grupo para novas visitas. À noite, todos os grupos foram assistir à peça *O inspetor geral*, de Gógol, numa montagem que se tornara internacionalmente famosa. A qualidade da montagem me fez lembrar com vergonha da que havíamos feito, em 1966, no Grupo Opinião. Envolvi-me de tal modo com o espetáculo que não pensei mais em Elôina, a não ser quando me deitei para dormir.

3º

Na tarde do dia seguinte, todos os coletivos se reuniram com a direção do partido em Leningrado. O secretário-geral, após breve discurso de saudação às delegações dos diferentes partidos latino-americanos, disse que gostaria de saber o que o povo desses países pensava do governo da União Soviética e do Partido Comunista Soviético, o PCUS.

Cada coletivo escolheu um de seus membros para falar. E como era de se esperar, todos disseram que o povo de seu país admirava o governo da União Soviética e seu Partido Comunista. Eu, escolhido para falar pelo coletivo brasileiro, em lugar de dizer as coisas convencionais e falsas que estavam sendo ditas, preferi emitir uma opinião sincera. Disse que no Brasil, o povo, por falta de informação, não distinguia entre o governo da União Soviética e o partido soviético; além do mais, a propaganda maciça a que era submetido pela imprensa, rádio e televisão, levava-o a ter uma visão negativa do que se passava na URSS, com exceção, claro, dos setores mais politizados e esclarecidos da população. Mal terminei de falar, Jorge pediu a palavra. Afirmou que o que eu dissera não correspondia à verdade, que eu não expressava a opinião do coletivo brasileiro. E passou a demonstrar como o povo brasileiro admirava a União Soviética e o PCUS. Eu, tomado de surpresa, no primeiro momento não reagi, tanto mais que as palavras iniciais de Jorge me desautorizando foram saudadas com palmas por boa parte das delegações presentes. Mas não me dei por vencido. Quando ele terminou, eu pedi a Ksênia que traduzisse para o plenário o que eu ia dizer.

— Gostaria que o Jorge explicasse o seguinte: se é certo que os comunistas contam com o apoio da maioria do povo brasileiro, por que o nosso partido continua na clandestinidade e nunca conseguiu eleger nenhum presidente da República, nenhum governador de Estado e nunca obteve maioria nem no Congresso Nacional, nem em qualquer câmara municipal ou assembleia legislativa estadual?

Essa pergunta provocou o riso discreto e gargalhadas incontidas de alguns dos presentes.

De volta ao hotel, Jorge e outros companheiros exigiram que a direção do coletivo fizesse uma reunião para discutir a minha atitude inconveniente naquele encontro. Neguei-me a participar da reunião, que concluiu por censurar meu "comportamento antissoviético". Isso me foi comunicado pelo chefe do coletivo que, ao fazê-lo, mal conseguiu disfarçar seu constrangimento.

Só na última noite que passamos em Leningrado estive junto de Elôina. Fomos todos ao circo, onde assistimos a incríveis números de acrobacia e a exibição de ursos e cães amestrados, tudo ao som da música alegre e vibrante, que parece ser a mesma em todos os circos do mundo. Elôina encontrou um jeito de misturar os dois coletivos e veio sentar-se numa cadeira à minha frente. Vendo que havia um lugar vago ao seu lado, pulei para ele. Pudemos assim trocar algumas palavras durante o espetáculo que a todos divertiu.

Ao chegarmos ao hotel, soubemos que Lourenço tinha sido detido pela segurança, ao tentar levar para seu quarto uma prostituta que encontrara na esquina. O problema foi abafado, mas o companheiro sofreu severa advertência e foi ameaçado de ser mandado de volta ao Brasil, caso reincidisse.

Lourenço se justificou pra mim:

— Como eu ia saber que ela era prostituta? Eu não falo russo. Apliquei aquele meu método e ela topou. Sempre me disseram que não tem prostituta na União Soviética.

31

Nas semanas seguintes à nossa volta de Leningrado, Elôina sumiu. No primeiro dia em que dei por sua ausência, supus que tivesse adoecido ou qualquer coisa do gênero. Mas veio o segundo dia, o terceiro, o quarto, e nada de Elôina. Mal chegava ao Instituto, saía à procura dela na lanchonete, nas salas de aula, no auditório, na sala dos tradutores, na biblioteca. Evitava fazer perguntas para não dar bandeira, mas chegou a um ponto em que não resisti mais, e indaguei a Ksênia se tinha visto Elôina aquele dia.

— Elôina está de férias – disse-me ela com malícia. – Deve passar duas semanas longe.

Duas semanas era tempo demais. Decepcionado, caí em abatimento. Causava-me decepção ter ela se ausentado sem me dizer uma só palavra. *É verdade que não existe nada entre nós*, disse a mim mesmo, mas... Detive-me nessa frase: *não existe nada entre nós*. E concluí com desagrado que essa era a verdade. Eu estava me iludindo, atribuindo-lhe intenções que ela de fato não tinha. Saíra de férias sem nada me dizer, precisamente porque isso, de seu ponto de vista, era dispensável. É, concluí, ela apenas se diverte comigo.

Meu abatimento foi maior depois que Fábio me chamou a um canto com ar misterioso.

— Tenho uma coisa pra te contar.

— O que é?

— Espero que não fiques chateado, mas, como teu amigo, tenho que te falar... É sobre Elôina.
— O que é?
— Viu que ela sumiu, né?
— Está de férias.
— Ela e Gonçalves estão juntos numa *dacha*.
Fiquei estarrecido.
— Ela e Gonçalves? Não pode ser.
— Você sabe que eu me dou com todo mundo... Gonçalves está voltando para o Brasil. É a despedida deles.
— Despedida? Não estou entendendo.
— Os dois têm um caso. Ele devia ter voltado para o Brasil o ano passado, mas conseguiu ficar mais um ano por causa dela. Agora tem que voltar.

Saí dessa conversa inteiramente arrasado. Em lugar de ir para a *obschezhitija*, tomei o metrô e desci na Praça Vermelha. Fiquei vagando por ali, desci a avenida Arbat, entrei e saí de lojas, e finalmente cheguei à Melodya, onde me demorei escolhendo discos para me distrair. Voltei tarde, não quis jantar, fiquei ouvindo música até altas horas da noite.

Nos dias que se seguiram, evitava ir à *stalôvaia*. Passava a maior parte do tempo livre na biblioteca do Instituto ou andando à toa pelos corredores. Foi assim que conheci Nádia, uma moça loura, forte, que usava grossos óculos para miopia. Pareceu-me uma pessoa doce e alegre. As poucas palavras de russo que eu já sabia usar foram suficientes para nos entendermos. Ela me levou até uma pequena sala no térreo, que era seu local de trabalho. Na verdade, um pequeno ateliê de desenho, com prancheta, esquadros, caixas de lápis e blocos de papel. Era ela quem desenhava os cartazes para os eventos que se realizavam no Instituto.

— Quero desenhar seu retrato – disse-me ela. – Acho seu rosto muito expressivo.

Essa súbita amizade com Nádia serviu para aliviar minha cabeça. É certo que a lembrança de Elôina se mantinha subjacente e de vez em quando me invadia, mas as visitas ao ateliê de Nádia me mantinham distraído uma boa parte do dia, mesmo porque ela era brincalhona como uma criança e me fazia rir a cada momento. Na noite em que todos os alunos foram levados ao Teatro Bolshoi para assistir ao balé *Spartacus*, fiquei espantado quando a vi entrar no hall do teatro trajando um vestido vermelho escarlate, cheio de fitas e babados, com sapatos e bolsa da mesma cor. Deu-me vontade de rir às gargalhadas, e só não o fiz porque tinha muito carinho por ela. E o pior é que Nádia se vestira daquele jeito para me conquistar. De fato, no dia seguinte, em seu ateliê, ela segurou meu rosto e me beijou na boca. Não me fiz de rogado, e comecei a boliná-la. Nádia se deitou no chão, tirou as calcinhas e me puxou para cima dela. Mal a penetrei, começou a gozar, esforçando-se para não gemer de prazer, já que ali ao lado funcionava a farmácia do Instituto. Quebrei assim uma abstinência sexual de mais de um ano.

32

O reaparecimento de Elôina foi tão inesperado quanto seu sumiço. Eu saía com Nádia de seu ateliê quando me deparei com ela em frente ao balcão da farmácia. Nádia, sempre brincalhona, me puxava pela mão, fazendo com que Elôina se voltasse e me visse. Foi num relance. Ela logo me deu as costas sem que tivesse tempo sequer para cumprimentá-la. À hora do almoço, a vi outra vez, agora em companhia de dois nicaraguenses.

Desde que voltou das férias, tinha um ar diferente e se comportava de maneira discreta e esquiva. Como Sérgio e Elza também haviam voltado para o Brasil, ela agora estava quase sempre acompanhada por gente do coletivo nicaraguense ou de outro país de fala espanhola. Parecia evitar os brasileiros. Certa vez, a surpreendi me fitando, mas ela logo desviou o olhar. Nessa noite, tive um sonho erótico em que ela e Nádia se juntavam numa só mulher. Sonhei que transava com Nádia, mas, ao penetrá-la, descobri com extraordinária alegria que a mulher era Elôina. Foi um sonho deslumbrante, que me deixou excitado e me fez passar o dia a segui-la pelos corredores.

Coincidência ou não, num momento em que me sentei para ler numa das poltronas do segundo andar, ela se aproximou de mim.

— Posso sentar?

Me refiz da surpresa e sorri contente.

— Claro. Como vai?

— Por que está zangado comigo?

— Eu não estou zangado com você. Donde tirou isso?

— Mal me cumprimenta, mal me olha. É como se eu não existisse mais para você.

— É impressão sua, Elôina... Aliás, quem está distante é você – disse eu e a encarei. – Sumiu durante semanas e voltou diferente, estranha.

Ela abaixou os olhos. Ficou um tempo em silêncio.

— Eu estava de férias – falou com voz sumida. – Bem, já vou. Só queria saber se estava zangado comigo.

— Se era só isso, fique tranquila.

Ela se afastou, andando rápido e firme como sempre. Não tive mais tranquilidade para continuar a leitura.

33

Além das aulas previstas em meu currículo, passei a ter, por indicação de Kapústin, aulas de filosofia e de estética com professores especiais, que não pertenciam aos quadros do Instituto. As aulas de filosofia foram interrompidas em consequência de um comentário meu, mal-interpretado por Kapústin. Perguntou-me o que estava achando das aulas de Kirienko e lhe respondi que sentia falta de noções básicas que me possibilitassem especular por minha conta e não apenas ouvir as digressões do professor. Era um exagero, mas foi o bastante para que Kirienko suspendesse as aulas, talvez até agastado com a minha opinião pouco reverente. Tentei reparar o erro, mas nada consegui.

Minhas relações com Dolgov, que me deu aulas de estética marxista, foram mais fáceis. Informado de quem era eu efetivamente, quis conhecer minha experiência de escritor e meus livros. Por medida de segurança, não levara comigo nenhum livro de minha autoria, mas, na biblioteca do Instituto, o professor descobrira dois deles. Um dia manifestou seu entusiasmo por minha poesia e pela trajetória que eu havia percorrido, descendo fundo nas experiências de vanguarda antes de me tornar um poeta engajado. Manifestou admiração pelos meus poemas e se dispôs a levar-me à redação de *Inostrannaya Literatura*, a revista que divulgava na URSS a literatura estrangeira. Nela tinham sido publicados, na íntegra, havia pouco, *Gabriela, cravo e canela*, de

Jorge Amado, e *Cem anos de solidão*, de Gabriel García Márquez. Sua tiragem era de trezentos mil exemplares por número.

Assim foi que, certa tarde, Dolgov me levou à redação da revista e lá me apresentou ao responsável pela seção de literatura latino-americana, um homem de seus trinta e poucos anos, chamado talvez Boris, se bem me lembro. Ficou acertado que eles fariam comigo uma longa entrevista sobre aquele momento da literatura brasileira e publicariam uma seleção de poemas traduzidos para o russo. Passados alguns dias, levei os poemas e recebi o questionário para a entrevista, que saiu publicada dois meses mais tarde. Já os poemas, não. Depois de algum tempo, Boris sentiu-se na obrigação de me dar explicações. Disse-me que os havia encaminhado a uma tradutora, a que melhor vertia poesia de língua portuguesa para o russo. Ela teria se entusiasmado com os poemas, mas adoecera gravemente e por isso passara a tarefa a outra tradutora. "Esta", disse Boris, "negou-se a traduzi-los."

— Negou-se, é?

— Vou ler para você a carta que ela me enviou, expondo suas razões.

Na carta, a tradutora dizia que meus poemas não eram marxista-leninistas e sim expressões da ideologia pequeno-burguesa. Por isso, se sentia impedida de traduzi-los. Fiquei perplexo com o que ouvia. Boris aduziu:

— Como não temos mais ninguém que traduza poesia de língua portuguesa, somos obrigados a cancelar a publicação dos seus poemas. É uma coisa lamentável, porque os considero excelentes.

Revoltado, engoli em seco e deixei, constrangido, a redação de *Inostrannaya Literatura*.

Outro encontro de caráter literário foi com o poeta Slutsky, a quem fui levado por Ksênia. Fiz-lhe uma série de perguntas com o objetivo de entender a situação do escritor na URSS. Uma questão que me preocupava era a possibilidade que tinham os jovens poetas de publicar seus poemas quando não se enquadrassem nas formas oficialmente aceitas. Slutsky me perguntou:

— Em seu país quem dirige as revistas literárias são os grandes escritores?

— Não.

— Pois é, aqui também não. Em geral são escritores medíocres que, por isso mesmo, optam por fazer carreira dentro do partido. Se publicarem poemas inconvenientes, serão criticados, até mesmo por outras revistas literárias. Temendo perder o lugar, preferem não correr nenhum risco.

— Então os que diferem não têm vez, não podem publicar?

— Fazem edições mimeografadas.

— Mas isso não é considerado literatura subversiva?

— Por ser livro mimeografado, não. Só se seu conteúdo for contrário ao regime.

Foi uma conversa esclarecedora. Fiquei sabendo ainda que um dos grandes problemas do livro na URSS era o excesso de demanda. Deu-me como exemplo a antologia da literatura universal, uma obra monumental, prevista para dezenas de volumes, cada um deles com cerca de mil páginas destinado a uma literatura específica, a saber: literatura árabe, literatura chinesa, alemã, inglesa etc. Vendida antecipadamente a duzentos mil assinantes, o número de candidatos a comprá-la já dobrara ao sair o terceiro volume.

— Não há papel que chegue observou ele.

34

Para animar as festinhas que os estudantes às vezes promoviam, achei de criar um conjunto de batucada com os brasileiros que tinham jeito para a coisa. Nosso coletivo dispunha de alguns instrumentos como tarol, cuíca e tamborim. Conseguimos alguns mais e começamos a ensaiar, tendo eu me improvisado maestro! Como em terra de cego quem tem um olho é rei, nosso conjunto já na sua estreia despertou o entusiasmo dos russos e dos coletivos estrangeiros. Tanto foi o nosso êxito que, na festa que fizemos de recepção a um grupo de alemães vindos para um curso de férias, a moça mais bonita do grupo – Brigitta – me escolheu para passar a noite com ela. E de repente estava eu envolvido num namoro que aumentava de intensidade a cada noite que a Brigitta passava em meu quarto (nesse período, com o retorno de Walter para o Brasil, eu morava sozinho).

Dentro de uma semana era a festa anual com que tradicionalmente se comemorava a fundação do Instituto. Vários dias antes já uma alegre excitação tomava conta de alunos e funcionários. Nádia, encarregada de elaborar cartazes, convites e faixas, mal dava conta do serviço. Veio gente para ajudá-la. O movimento no ateliê tornou inviável nossas trepadas clandestinas. Ainda bem, já que eu mal dava conta da alemã, que não largava de meu pé. De longe, Elôina me observava e agora com mais frequência eu a surpreendia de olhos postos em mim. Ressentido, magoado, fingia indiferença, mas quase todas as noites sonhava com ela.

No dia da festa, o espaço do restaurante foi transformado num salão de baile, com mesas em volta. A *stalôvaia*, o hall de entrada, a sala de recepção estavam ocupados por mesas e cadeiras.

No começo da tarde, uma sessão solene, com a presença da diretoria do Instituto, professores e dirigentes do PCUS, marcou o início das comemorações. Depois, o pessoal ocupou as mesas e a orquestra deu o sinal de partida para o baile. Quando cheguei à mesa reservada para o coletivo brasileiro, Elôina estava lá à minha espera.

— Vai dançar comigo agora – disse-me ela, arrastando-me pelo braço para o salão.

Era a primeira vez que a tocava. Sentia seu corpo vibrando sob a palma da mão apoiada em suas costas, sorvia-lhe o perfume suave que se misturava ao clarão verde de seu olhar tão próximo de mim. Aquilo parecia um sonho que não queria que terminasse. Mas a orquestra parou de tocar e o professor de história do PCUS a segurou pela mão e a arrastou consigo. Voltei para minha mesa, ainda atordoado. Fábio despejou cerveja num copo e me deu. Eu sorvi a bebida de um trago.

— *Ochen kharashó!* – exclamei. – Mais, põe mais!

Estendi o copo a Fábio, que o encheu outra vez. Nesse instante, diviso Brigitta, que caminha em minha direção e me tira para dançar. Largo o copo e saio abraçado com ela. A orquestra toca agora uma música romântica. Brigitta se cola a mim e recosta a cabeça em meu ombro. Elôina, ainda dançando com o professor, roda à minha volta até que nosso olhar se cruza. Ela me fita intencional e se afasta rodopiando sorridente nos braços do seu par.

A festa prossegue num clima de euforia crescente. A vodca e a cerveja contribuem para aumentar a animação. A certa altura, vejo Nádia de conversa com um árabe de meia-idade que vivia rondando-a. Ela me falara dele, achando graça. Ao me ver, vem em minha direção, mas ele a segue, tentando segurá-la pelo braço. Trocamos algumas palavras, ela me beija no rosto e sai dançando com o árabe. Brigitta me faz sentar a seu lado e, entontecida de vodca, acaricia minhas mãos.

A festa se aproxima do fim, uma boa parte dos convidados já se retira. Elôina para diante de mim, já de casaco e bolsa na mão.

— Vem comigo.

— Pra onde? – indago surpreso.

— Pra minha casa. Te espero na entrada do metrô.

Ela sai. Eu vou até o vestiário, pego meu casaco e corro atrás dela.

35

Elôina me esperava na entrada da estação Aeroport, a mais próxima ao Instituto.

— Me segue como se não me conhecesse – disse-me ela e entrou na estação.

Ficamos na plataforma a pouca distância um do outro. O trem veio, parou, ela entrou por uma porta e eu por outra. Dentro do carro, aproximou-se de mim e cochichou.

— Vamos descer na Bielorrússkaia. Ali mudamos de linha.

Ela foi sentar-se num banco logo adiante e me sentei no que estava mais próximo. Tudo aquilo parecia um encantamento. Mas um encantamento real: ela estava ali diante de mim e me levava para sua casa.

Na Bielorrússkaia descemos do trem e fizemos a primeira troca de linha. A viagem prosseguiu, nova conexão.

— Estamos chegando – anunciou-me finalmente. – Eu desço antes.

Ela desceu e eu a segui. Lá fora a noite era muito escura e fria. Seguimos por uma rua cujas calçadas estavam cobertas de gelo até um bosque de árvores altas, congeladas. Ela me esperou e me deu a mão.

— Você deve estar surpreso, não?

— Estou feliz.

A alameda do parque era de terra batida parcialmente coberta de neve. Fomos andando de mãos dadas. Não havia ninguém por ali. Ao chegarmos a um trecho mais escuro, ela parou e me beijou demoradamente na boca. Andamos mais um pouco até um banco de madeira, onde nos sentamos um ao lado do outro. Ela então tirou o gorro da cabeça, desfez o coque e deixou que os cabelos caíssem soltos sobre seu rosto.

— Estão livres como você pediu.

Eu comecei a acariciar-lhe os cabelos, depois o rosto, e com extrema delicadeza rocei meus lábios nos seus. Ela se entregou inteiramente. Abri-lhe o casaco e os botões do vestido, introduzi a mão pelo decote e encontrei o bico de seu seio. Ela gemeu de prazer, baixinho. Ficamos assim nos acariciando e beijando até que ela se ajoelhou a minha frente e abriu minha braguilha. Senti sua mão delicada segurar-me e em seguida a umidade cálida de sua boca, que me levou ao êxtase. Depois que gozei, ela ainda se demorou sugando-me. Finalmente se ergueu e lhe beijei a boca. Ela recompôs os cabelos, prendeu-os, repôs a boina na cabeça e sorriu-me, encantadora.

— Vamos.

Elôina morava num conjunto residencial situado do outro lado do parque. Subimos pela escada e nos detivemos em frente a uma porta forrada de couro escuro. Entramos.

— Um momento, vou ver como está o Anton.
— Quem é?
— Meu filho. Ele tem quatro aninhos.

Pus o casaco no cabide, tirei a *chapka* e meti os dedos nos cabelos para arejá-los. Elôina voltou.

— Ele está dormindo.

Olhamo-nos nos olhos e voltamos a nos beijar, enamorados. Ela me levou para a cozinha, que era mínima.

— Senta aí. Vou esquentar uma comida pra nós.
— Não precisa.
— Precisa, sim. É uma sopa de legumes. Esquento num minuto, está bem?

— Mas volta logo pra me beijar.

Tirou a panela da geladeira e a pôs na boca, já acesa, do fogão. Eu me levantei e a abracei por trás. Ela se voltou e me ofereceu os lábios outra vez. Nesse momento, ouvimos um ruído na porta de entrada.

— É Alexei – disse ela, soltando-me. – Meu marido.

Eu não sabia que ela era casada. Daí a um instante, voltava com ele para a cozinha e apresentou-nos.

— Cláudio... Alexei...

— *Kak dyelá, tovarisch?*

— *Kharashó* – respondeu ele, simpático.

Quem estava constrangido era eu. Alexei disse alguma coisa a Elôina e fez um sinal pra mim antes de sair da cozinha.

— Ele vai tomar um banho. Depois jantamos os três.

Durante o jantar, Elôina serviu de tradutora para que Alexei e eu conversássemos. Ele me explicou que era químico industrial e eu lhe disse que era jornalista e escritor.

— *Poet* – acentuou Elôina. – Um importante poeta brasileiro.

— Quem disse isso? – perguntei-lhe, surpreendido.

— Tenho meus contatos na KGB – respondeu-me rindo.

Mais tarde Alexei, alegando cansaço, se retirou.

— Também já vou indo – disse eu, como uma desculpa.

— Nada disso – interveio Elôina. – Que história é essa de ir embora? Você mal chegou!

Fomos nos sentar na sala e lá ficamos conversando sobre todos os assuntos possíveis e imagináveis. Ela prolongava a conversa como para me impedir de ir embora.

— Daqui a pouco o metrô para de circular – observei.

— Eu te levo lá.

No caminho tornamos a nos beijar com tesão.

— Quando volto a te ver? – perguntei.

— Segunda-feira estaremos no Instituto, não?

— Falo de nos ver sozinhos...

Ela não respondeu logo.

— Acho melhor pararmos por aqui.

— Parar?! Depois desta noite linda, parar?!

— Eu não devia ter chamado você... Devia me emendar.

— De que você tem medo?

— De quê? De sofrer! Eu me apaixono e depois você vai embora pra seu país! Não é isso?

— Acontece que eu já estou apaixonado. Você não?

— Não sei... Só sei que não devo, ouviu? Não devo.

Ela agarrou meu rosto, me deu um beijo intenso e se afastou. Acompanhei-a um tempo com a vista e em seguida me dirigi para a entrada da estação.

36

Cheguei ao quarto ainda com o coração aos pulos. Era como se estivesse bêbado de felicidade, tudo que ocorrera naquela noite se repetia em minha mente numa espécie de vertigem que me tirava o fôlego. Pus na vitrola o disco que estava mais à mão e me deixei embalar pela música de Brahms. Adormeci sorrindo.

No dia seguinte, Elôina se comportou como se nada houvesse acontecido entre nós. Tomando café com os estudantes de seu coletivo na lanchonete, mal ergueu a vista para mim. Comecei a me inquietar. Não conseguia prestar atenção às aulas nem às conversas com os colegas. Durante o almoço, sentou-se numa mesa distante da minha. Aflito, esperei o fim das aulas e me postei próximo à porta de saída.

Vi quando ela tirou seu casaco do cabide e o vestiu. Fui até ela.

— O que houve, Elôina?

Ela sorriu.

— Nada. Por quê?

— Você me evitou o dia inteiro.

— Estou nervosa, desculpe. Não sei o que fazer.

— Vamos conversar.

— Agora não. Tenho pressa. Amanhã eu te procuro.

Ela se encaminhou para a porta da rua. Peguei meu casaco e, sem pressa, comecei a vesti-lo. O dia seguinte estava longe.

Ao chegar na *obschezhitija*, soube que um enviado da direção do partido havia chegado e que queria falar comigo. "É o Sales", disse-me o chefe do coletivo. "Vocês se conhecem."

Ele havia estado com Thereza e me trazia notícias recentes. O processo em que eu era réu fora enviado à Justiça Militar. Ela conseguira testemunhos por escrito de jornalistas e escritores de prestígio, sem vinculação com a esquerda, garantindo que eu era um homem de bem, nada tinha de sanguinário nem comia criancinhas.

Falou-me também dos amigos, que continuavam frequentando o Zepelin à noite e a praia nos fins de semana. Ri muito das histórias que me contou, mas custei a adormecer cheio de tristeza e saudade. *Eles estão vivendo minha vida, sem mim*, pensei.

No dia seguinte, no intervalo de uma das aulas, Elôina me chamou para conversarmos. Pediu-me que tivesse paciência, que a entendesse. "Tenho medo de me apaixonar por você. É só isso." Disse e pôs sobre mim seus dois olhos verdes, ofuscantes. "Ao mesmo tempo, não tenho forças para impedi-lo."

— Nem deve – disse-lhe eu, tomando-lhe as mãos, que ela recolheu assustada.

— Não pode fazer isso aqui!

— Desculpe. É que perco a cabeça.

— Mas não pode.

— Vamos nos ver. Marca o dia.

Ela ficou um instante avaliando minha proposta.

— Estou louco pra te beijar de novo – falei.

— Sexta-feira… Eu não trabalho à tarde.

— Em tua casa? A que horas?

— Uma hora. Você tem aula?

— Tou pouco ligando!

— Ela achou graça e se foi. Passei o resto do dia rindo à toa.

37

Fui o primeiro a entrar quando o restaurante abriu. Pouco depois do meio-dia, estava a caminho da estação Aeroport. Parei numa loja de flores e comprei rosas vermelhas. Por discrição, as pus na minha bolsa, já que não me sentiria à vontade carregando um buquê de rosas àquela hora no metrô de Moscou.

Desci na estação Cherkizovskaya e só aí me dei conta de que teria de adivinhar o caminho até a casa de Elôina. Lembrava-me perfeitamente que a entrada do parque era logo adiante e que, naquela noite, tomáramos a alameda da direita. Segui por ela e vi que o caminho era aquele pois não demorei a divisar o banco onde nos sentáramos. *Daqui seguimos naquela direção e caminhamos uns cinco a seis minutos antes de chegarmos ao conjunto residencial...* Tomei aquela direção: o cálculo do tempo estava errado, mas a direção não. Embora os tivesse visto à noite, reconheci os blocos de apartamentos. A dúvida que me assaltou foi quanto ao dela, já que eram todos iguais. Nesse ponto a memória me faltava e, por isso, o jeito foi tentar: entrei no primeiro bloco e subi pela escada até o segundo andar à procura da porta forrada de couro marrom. Não a encontrei. Tinha que ser no bloco vizinho.

Acertara. A porta forrada de couro era inconfundível. Toquei a campainha, confiante. Esperei, ninguém atendeu. Toquei de novo. Nada. *Será que há outro apartamento com porta forrada de couro? Ou me enganei de andar?* Subi ao terceiro andar, não havia porta forrada de couro. Desci e toquei a campainha de novo. Ao voltar, tive a impressão de que a porta se fechara naquele momento. Seria possível? Elôina fingia que não estava em casa? Não podia ser. Certamente, saíra por algum motivo inesperado e ia voltar. Sentei num degrau da escada disposto a esperá-la. Mas minha inquietação ia se tornando incontrolável. Toquei de novo, agora demoradamente. Em vão.

Confuso, desci ao térreo e saí do prédio. Que fazer? Esperar ou ir embora? Mas ergo a vista e percebo alguém na janela do apartamento dela: era o Sales! Espiou e puxou a cabeça quando ergui a vista. Era ele!

Perplexo e sentindo-me enganado, decidi ir embora. Não podia compreender o que se passava. Estaria ela namorando Sales? Teria sido ele namorado dela quando estudara no Instituto, anos atrás? Ainda assim, por que Elôina marcaria o encontro comigo e com ele na mesma hora?

Pensando essas coisas, tomei o caminho de volta ao metrô, com o buquê de rosas dentro da bolsa. Ao chegar ao banco do parque, sentei-me, pois não tinha ânimo para voltar pra casa. Não sei quanto tempo me demorei ali. Mas eis que ergo a cabeça e vejo Elôina e Sales aproximando-se. Vou ao encontro deles, que se mostram embaraçados. Não sabem o que dizer. Finalmente, Elôina toma uma decisão.

Vai. Preciso conversar com o Cláudio.

— *Ciao* – disse ele, afastando-se.

Ela me pega pelo braço e sai comigo em direção a seu apartamento.

— Por que fez isso comigo? – perguntei-lhe magoado.

— Foi chato, eu sei, mas não tive escolha... Vamos, lá em casa a gente conversa.

38

Elôina me explicou o que ocorrera. Soubera da chegada de Sales a Moscou por um telefonema dele para sua casa aquela manhã.

— Tinha necessidade de falar com ele – disse-me sem me encarar.

O tom de sua voz, seu olhar no vazio indicavam que ela queria dizer mais do que dizia. Lembrei-me que Sales era muito ligado a Gonçalves e entendi: ela queria notícias dele.

— Mas por que marcar com Sales na mesma hora em que marcou comigo?

— Marquei antes, mas ele se atrasou.

A explicação era plausível, mas eu estava magoado. O incidente deixava claro que nosso relacionamento não tinha para ela a mesma importância que tinha para mim. Sua ansiedade em encontrar-se com Sales para saber notícias de Gonçalves dizia tudo. Abri a bolsa e tirei dela o buquê de rosas.

— Eu tinha trazido isso pra você.

Ela se comoveu. Aspirou o perfume das rosas e me fitou por trás delas.

— Me dá um beijo – disse, oferecendo-me a boca. Tomei o seu rosto nas mãos e, como se quisesse apagar todo ressentimento, beijei-a apaixonadamente. Pôs as rosas de lado, me fez levantar junto com ela e, sem descolar a boca da minha, apertou-me em seus braços e se colou mais a meu corpo ao sentir minha ereção contra suas coxas.

Mas subitamente ela interrompeu tudo. Estava trêmula e transtornada, como se lutasse contra si mesma. Abriu um pequeno armário ao lado da janela e tirou dele duas garrafas de bebida.

— Tenho vodca e um pouco de martíni seco. O que prefere?
— Martíni.

Ela serviu a bebida em dois pequenos copos. Fitou-me e sorriu.

— Você é um diabo... tentador.
— Diabo por quê? – perguntei-lhe rindo.
— Quando vi você a primeira vez no Instituto, levei um susto. "Meu Deus, que homem estranho é esse?" Tinha a impressão que Mefistófeles acabara de chegar a Moscou!
— E daí?
— Tinham me dito que... ou melhor, Gonçalves tinha me dito que viria para o Instituto um poeta brasileiro. Quando vi você, adivinhei que era o tal poeta. Mas não imaginei que tivesse a aparência de um diabo!
— Não tenho nada de diabólico. Sou uma pessoa doce. Posso parecer com o diabo pela feiura.
— Não gosto de homem bonito – disse ela fitando-me fundo. E aduziu: – para azar meu!

Eram quase sete da noite, quando Alexei chegou. Cumprimentou-me com simpatia, tirou da bolsa alguns vidros de conserva e pelo que entendi perguntou pelo filho. Ela disse que o deixara com a mãe. O resto não consegui entender, mas dizia respeito às conservas que trouxera e à bebida que tomávamos. Ele tirou do armário a garrafa de vodca e se serviu. Abriu o vidro que continha pequenos pepinos em conserva e pôs um na boca. Elôina ralhou com ele, tomou-lhe o vidro das mãos e despejou o seu conteúdo num prato. Trouxe palitos e espetou neles.

— Isto é bom com vodca – disse-me. – Quer?

Eu aceitei, tomei um gole de vodca e mordi um pepino. Era ácido demais e eu sofria de gastrite. Deixei-o de lado. Alexei abriu uma lata de sardinhas e Elôina trouxe pão cortado em fatias.

— Este vai ser nosso jantar – me informou, com os olhos brilhando. Aproveitou uma ida de Alexei à cozinha e me beijou na boca.

— Já me perdoou?

— Há muito tempo, meu amor.

Nossa pequena farra se prolongou até altas horas. Quando dei por mim já passava de uma da madrugada.

— O metrô funciona até que horas?

— A esta hora não há mais metrô. Só voltando de táxi. Mas está muito frio, é melhor você dormir aqui – disse Elôina.

— Acho ótimo.

Ela falou qualquer coisa em russo com o marido, certamente acerca de minha permanência ali aquela noite. Ele me olhou com simpatia.

— *Kharashó*.

Eles dois dormiriam no seu quarto, claro, enquanto para mim Elôina improvisou uma cama com um colchão de solteiro que pôs no chão da sala. Forrou-o com um lençol e trouxe um cobertor leve com que me cobri após tirar as calças e a camisa.

Eram sete da manhã quando acordei e percebi que Alexei estava pronto para sair. Cobri a cabeça e fingi que dormia profundamente. Em dado momento, ele veio até minha cama e tentou acordar-me. Balbuciei alguma coisa que ele evidentemente não podia entender e me voltei para o outro lado, fingindo dormir. Ele desistiu e foi embora. Ouvi a porta bater, a casa voltou ao silêncio. *Agora estamos sozinhos, eu e ela*, pensei mas não me movi da cama, temendo que Alexei voltasse de repente. Calculei o tempo que gastaria para chegar à rua e caminhar até o metrô. Uns dez minutos? Quinze? Quando me certifiquei de que ele não voltaria mais, levantei-me e fui até a porta do quarto, que estava encostada. Elôina, parcialmente coberta pelo lençol, parecia dormir. Meu coração batia acelerado. Vagarosamente me aproximei e fiquei a olhá-la. Ali estava a mulher que eu amava, deitada em sua cama, os cabelos soltos, só vestida por uma leve camisola. Abaixei-me e aproximei meu rosto do dela. Abriu os olhos e sorriu, puxou-me para si, me fez entrar sob o lençol.

— Me beija muito – disse ela – me beija, Cláudio!

Passava das dez da manhã quando deixei a casa de Elôina e, flutuando no ar, atravessei o parque em direção ao metrô. Era começo de primavera, as folhas novas já cobriam a maior parte das árvores, a luz da manhã vibrava suave. De tanta felicidade, comecei a rir e correr, jogando a bolsa para o alto, até dar com a canela num dos marcos de cimento que limitavam a alameda. Foi um baque forte, que me fez segurar a perna e gemer, mas meu coração era só alegria. Juntei a bolsa do chão e ainda mancando entrei na estação do metrô. Durante toda a viagem repetia para mim mesmo: *Nós nos amamos! Eu me esporrei dentro dela! Ela gozou comigo, ela gozou muito em meu pau!* E se o repetia era talvez para me convencer de que tudo de fato acontecera, porque o estado de fascinação em que a possuíra tornava, na minha mente agora, seu corpo branco, seu pentelho ruivo, seus seios, seu rosto iluminado de prazer, seu perfume, uma mistura estranha de fantasia e verdade. Cativo dessas lembranças, me deixei ficar.

39

Passamos a nos encontrar às tardes de sexta-feira, depois das aulas. Levava comigo sempre uma garrafa de martíni seco, azeitonas e alguma coisa mais, comprados numa loja do Hotel Rossyia, onde se podiam adquirir com dólar artigos importados, destinados de fato a membros das delegações diplomáticas. Bebíamos, conversávamos e nos amávamos, desde que o período ovular de Elôina o permitisse, pois tinha pavor de engravidar. Mas estar com ela era minha alegria, fascinado como vivia por sua exótica beleza e pelo estranho universo que ela representava em minha imaginação: suas origens tártaras e a inevitável vinculação com a mítica Revolução de Outubro.

Em compensação, o resto da semana e particularmente os fins de semana, quando não havia nada para fazer, sentia sua falta e mal resistia ao desejo de me tocar para sua casa. Nem mesmo podia telefonar-lhe, já que, por precaução, evitou me dar o número de seu telefone.

— Aqui, nunca se sabe. Podem estar à escuta.

A descoberta de uma relação como a nossa poderia ter consequências imprevisíveis para ela, como membro do aparelho clandestino do partido. É que sua função de tradutora pressupunha estrita obediência à disciplina partidária e às medidas de segurança, já que as tarefas desenvolvidas no Instituto exigiam sigilo por comprometerem as relações da URSS com os demais países. Por tudo isso, também no Instituto ela evitava estar comigo. "Antes, não tinha importância nos verem juntos. Agora, tem." Por minha insistência, aceitava excepcionalmente encontrar-se comigo na biblioteca ou no metrô. Às vezes, seguia com ela até a estação Cherkizovskaya, onde descia. Voltava para meu quarto e ficava esperando o dia seguinte para vê-la de novo, para eventualmente lhe sussurrar palavras de amor nos corredores ou beijá-la intempestivamente na saleta onde se guardavam os casacos. Era um amor complicado, o nosso, feito de felicidade e aflição.

40

Através de nossa difícil correspondência, Thereza e eu havíamos concordado em nos encontrar em Paris numa data que foi finalmente definida em sua última carta. Levei o fato ao conhecimento do chefe de nosso coletivo que o encaminhou à consideração de instância superior. Era uma coisa pró-forma, mas que precisava da aprovação oficial para permitir minha saída e meu retorno ao país.

O Ilyushin da Aeroflot me levou até Roma, onde eu deveria tomar o trem para Paris. Meu dinheiro era pouco, de modo que, ao chegar à Stazione Termine, tentei trocar os dólares na medida exata de minhas despesas: entreguei ao homem do guichê uma cédula de cem para que convertesse apenas cinquenta em liras e me desse o troco em dólares. Ele disse que só trocaria tudo, não podia me dar troco em dólares. Pedi então que me trocasse a nota de cem em duas de cinquenta. Ele me olhou com ar de pouco-caso e me voltou as costas. Afastei-me do guichê murmurando insultos contra o capitalismo: "Voltei ao mundo da exploração. Estou de novo nas mãos deles." Caminhei sem rumo pela estação em meio ao tumulto de rádios tocando música americana e gritos de homens que ofereciam táxi e hotel aos recém-chegados. Recostei-me a uma pilastra e observei uma bicha que oferecia qualquer coisa aos homens que passavam. Como se aproximasse a hora de partida do meu trem, fui trocar o dinheiro e comprar a passagem. Pouco depois, estava a caminho de Paris, aonde deveria chegar na manhã seguinte.

Minha preocupação era com o passaporte, que tinha um visto falso de permanência na Alemanha. Para todos os efeitos eu nunca havia estado na União Soviética. A tensão durou até o momento em que, ao passar a fronteira, de madrugada, fui acordado por um homem fardado que me pediu o passaporte; folheou-o e o devolveu, quase sem examiná-lo.

Havíamos combinado, Thereza e eu, nos encontrarmos às três da tarde daquele dia em frente à Notre-Dame, mas ela não apareceu. Preocupado, permaneci ali muito tempo além da hora acertada. Como ela não veio, saí andando pelo Boulevard Saint-Michel, mas logo voltei, temendo agravar o desencontro. Por sorte, eu lhe havia dito na última carta que talvez ficasse hospedado no apartamento do Ivan, um amigo brasileiro que morava em Paris. À noite, ela telefonou para lá. Seu avião saíra do Brasil com atraso de várias horas, de modo que só chegara a Paris no final daquela tarde. Estava ansiosa para me ver.

Fui a seu encontro num pequeno hotel na Rue du Collège, levando minha mala. Ao vê-la me comovi, abracei-a, beijei-a, mas de fato nenhum de nós dois se sentia à vontade.

— Vamos subir – disse-me. – Já preencheu a ficha?

No quarto nos demos as mãos e falamos da falta que sentíamos um do outro. Transamos e saímos para jantar num daqueles freges que povoam as ruelas do Quartier Latin. A noite inteira ela me falou de nossos filhos, de nossos amigos, das ações de guerrilha, das prisões, tortura e assassinato de militantes de esquerda. Pelas palavras que usava e o modo como se referia às pessoas e aos fatos, percebi que ela havia mudado muito. Notava alguma coisa de deliberadamente vulgar e chocante em sua conversa e em suas maneiras. A comparação com Elôina tornava-se inevitável. Thereza percebeu.

— Você não gosta mais de mim.

— Por que está dizendo isso?

— Eu sinto – disse com voz surda, baixando os olhos e fazendo força para não chorar. Eu sabia que isso ia acontecer!

Fiz-lhe um carinho.

— Não é verdade. Continuo a gostar de você, sim.

Ela não falou mais nada. Permaneceu distante até o momento em que, passados alguns dias, nos despedimos na Gare Saint-Lazare. Só voltaríamos a nos encontrar em Santiago do Chile, quase um ano mais tarde.

41

Meu segundo desembarque no aeroporto de Moscou foi muito diferente do primeiro porque desta vez não havia ninguém do partido à minha espera.

O funcionário, logo que pegou meu passaporte, lançou-me um olhar duro e perguntou alguma coisa em russo que eu não entendi.

— *Ni ponimáiu* – disse-lhe.

Ele insistiu falando em russo.

— *Ty govorísh po fransúzki?* – indaguei.

— *Niét* – disse ele e fez um sinal para que o seguisse.

Atravessamos a sala e entramos por uma porta que dava para uma saleta. Ali estava um homem gordo, a quem o funcionário disse qualquer coisa antes de lhe entregar meu passaporte.

— O senhor é brasileiro? – perguntou-me o gordo em francês.

— Sim – respondi.

— Posso ver sua valise?

Pus a bolsa sobre a mesa e a abri. O homem se levantou, meteu a mão na bolsa e tirou alguns livros em francês que eu comprara em Paris.

— Não é permitido entrar com livros estrangeiros sem autorização do governo, camarada.

— São livros de literatura: um romance, um livro de poemas e outro de ensaios.

— Não é permitido... E esta cédula? – mostrou uma nota de um rublo. – Estava dentro de seu passaporte.

— Ah, sim. É minha.

— Quem lhe deu?

— É minha – disse surpreso com a pergunta dele. – Eu a levei comigo e a trouxe de volta.

— Não é permitido levar dinheiro soviético para o exterior. Que faz na União Soviética?

— Sou membro do Partido Comunista Brasileiro, estudo no Instituto Marxista-Leninista e sou amigo de Luis Carlos Prestes.

O rosto do funcionário mudou de expressão.

— Ah, é amigo do camarada Prestes?

— Tenho aqui o telefone dele. Se quiser, pode perguntar.

— Não é preciso, camarada – disse ele, entregando-me o passaporte. – Pode ir.

— *Spacíba* – agradeci, aliviado.

42

Aproximava-se o final do curso e consequentemente também o final de minha permanência em Moscou. Tentara uma nova prorrogação do prazo, mas não consegui. Curiosamente, a partir daí, a relação com Elôina se tornou menos tensa. Quando lhe dei a notícia, ela ficou muda olhando o vazio.

Já esperava por isso – disse depois de um tempo

Não posso acreditar que vou embora.

— Já esperava e apesar disso estou chocada.

Vai ser horrível. Como vou conseguir viver longe de você?

— A gente sempre consegue. Mas o melhor seria não conseguir – disse ela.

Ficamos longo tempo em silêncio, sorvendo o martíni seco. Subitamente, ela me agarrou.

— Vem, me ama, vem!

Levou-me pela mão até o quarto e se despiu, nervosamente. Tendo-a nua diante de mim, ajoelhei-me e comecei a beijá-la toda. Deitou-se na cama e ficou esperando que eu viesse sobre ela com a minha fúria macia. Amamo-nos até não nos restar mais força alguma. Antes que Alexei chegasse, nos despedimos, apaixonados, finalmente entregues ao nosso amor, agora condenado à morte com data certa.

43

Era parte do programa do Instituto a visita a alguma região da União Soviética pelas turmas que concluíam o curso. Havia várias opções e cada turma fazia sua escolha. Houve uma reunião do coletivo brasileiro para discutir o assunto, que não me agradava, uma vez que me obrigaria a separar-me de Elôina por algumas semanas. Por isso mesmo, não participei do entusiasmo dos colegas ao saber que iríamos conhecer os Urais.

Mas quando cruzei com Elôina no Instituto, aquela manhã, ela acenou para mim e sorriu alegre. Estranhei, pois, no meu entender, ela devia estar triste como eu. No entanto, na *stalôvaia*, tomando café com os nicaraguenses, mostrava-se extrovertida, falante, enviando-me a cada momento olhares e sorrisos. Diante disso, passei a sorrir também, já admitindo que alguma coisa de bom ocorrera.

A seu pedido fui encontrá-la no segundo andar.

— Cláudio, nós vamos juntos para os Urais!

— Não acredito!

— Convenci os nicaraguenses a fazerem a mesma escolha dos brasileiros – disse ela, mal contendo a gargalhada.

— Você é uma diaba! Quer dizer que vamos passar duas semanas juntos?

— Juntinhos! Vamos morar no mesmo hotel, tomar café juntos, almoçar juntos, jantar juntos, passear juntos... Só não vamos poder dormir juntos.

—Já está bom demais!

A expectativa da viagem atenuou a ameaça maior que pesava sobre nós dois. E era uma compensação aos passeios que desejávamos fazer e nunca fizemos, por cautela, como a visita ao museu Pushkin, à Galeria Tretiakov, à casa de Maiakóvski e ao parque Górki. Fui a esses lugares sozinho. O túmulo de Lênin, na Praça Vermelha, esse eu nunca visitei.

O avião que nos levou a Chelyabinsk era um quadrimotor antiquado movido a hélices. A viagem durou cinco horas, mas foi divertida porque estávamos todos, brasileiros e nicaraguenses, alegres e expansivos, como crianças a caminho de um parque de diversões. Eu e Elôina não perdíamos oportunidade de nos aproximarmos um do outro, juntando-nos a este ou aquele grupo para trocarmos sorrisos e olhares apaixonados. Mas foi durante o primeiro café da manhã em Chelyabinsk que esse nosso diálogo mudo atingiu seu ponto alto, talvez porque tenhamos passado a noite a nos desejar.

Elôina veio sentar-se bem à minha frente naquela mesa comprida e barulhenta. Olhou-me fixamente para que eu percebesse sua intenção, em seguida pegou um biscoito roliço, introduziu-o lentamente na boca e o puxou para fora de novo, sem desviar os olhos de mim; repetiu esse gesto uma e outra vez, o que me deixou excitado; em resposta, tomei nas mãos um pêssego maduro, abri-o diante de minha boca e o lambi, antes de colar nele meus lábios e lhe sugar a polpa, lambuzando-me em seu caldo, que me escorria pelo queixo. Ela se descontrolou e bateu na xícara de chá, derramando-o. Logo pegou outro biscoito e o introduziu na boca sem tirar os olhos de meus lábios colados no pêssego aberto e molhado, excitada como se estivesse a ponto de gozar.

44

Chegamos a Novos Urais num ônibus que nos conduziu através de paisagens muito amplas, cheias de bosques e plantações de girassol. Tratava-se na verdade de um povoado com poucas ruas sem calçamento. O local onde nos hospedaram mais parecia um decadente prédio de apartamentos do que um hotel, ainda assim um prédio *sui generis*, pois os apartamentos, do segundo ao quinto andar, não tinham água encanada, consequentemente não possuíam nem banheiro nem vaso sanitário. Tudo o que havia ali era uma pia diminuta, com um pequeno depósito de água no alto; mal dava para lavar o rosto e as mãos. Banho só descendo ao térreo, onde havia dois chuveiros, um que servia aos homens, outro às mulheres. Para as demais necessidades, tinha-se que atravessar a rua e penetrar numa espécie de telheiro murado, onde estavam as latrinas cavadas no chão, sem tampa e tendo apenas em volta um estrado de madeira para a pessoa se apoiar. Também havia a divisão, homens de um lado, mulheres de outro, mas só: entre as diferentes latrinas não havia separação alguma, de modo que um defecava à vista do outro. Fiquei chocado, não tanto com a pobreza, mas com a incongruência de se erguer um prédio de cinco andares sem poder provê-lo de água e dependências sanitárias. Depois me explicaram que faltava à cidade uma elevatória.

Novos Urais não ganhou nossa simpatia. Suas ruas eram cobertas de uma espécie de barro que tinha a incômoda propriedade de colar-se no solado do sapato e ir se acumulando ali, de modo que a cada passo a pessoa ia ficando mais alta, a ponto de ter dificuldade de equilibrar-se. Éramos, portanto, obrigados a parar de esquina em esquina para raspar o barro do solado.

Enquanto isso, passou por nós uma caminhonete nova em folha, balançando uma comprida antena presa ao capô. Dentro ia um homem de seus trinta anos, forte, de óculos escuros e vestindo um blusão de couro preto, semelhante ao dos motoqueiros norte-americanos, então conhecidos como transviados. Perguntei quem era, e Ksênia me informou que se tratava do administrador de Novos Urais, uma espécie de prefeito. Mais tarde fomos visitá-lo na prefeitura, onde ele ocupava um gabinete bem-mobiliado, moderno, dotado de telefones e um interfone, que lhe permitia comunicar-se com a secretária na antessala do gabinete. Aproveitou nossa presença ali para fazer uma verdadeira exibição de sua destreza no uso daqueles equipamentos.

À noite nos levaram a um espetáculo musical e eu mal contive o espanto quando me deparei com um teatro luxuoso e grande, capaz de conter talvez toda a população do povoado. Não era fácil entender uma concepção de socialismo que deixava de calçar as ruas e melhorar o fornecimento de água para gastar uma fortuna com um teatro de luxo.

Por isso é que ao deixarmos o povoado, no ônibus, cantávamos parafraseando uma canção brasileira:

Oh, Novos Urais
Oh, Novos Urais
Quem te conhece não volta jamais
Oh, Novos Urais

Elôina e Ksênia sorriam evidentemente constrangidas com a nossa irreverência.

45

Almoçamos num *colcoz*, onde fomos recebidos com efusiva hospitalidade pelos camponeses, homens e mulheres de mãos calejadas e rosto sulcado de rugas, mas saudáveis e cheios de alegria.

O almoço foi farto de carnes e legumes mas também de brindes em que se entornavam copos cheios de vodca. Sem desconfiar de que nem todas as pessoas são capazes de ingerir álcool em tal proporção, obrigam o visitante a acompanhá-los, sendo considerado descortesia não esvaziar o copo a cada brinde. Por isso, Ksênia me aconselhou a ter junto a mim uma garrafa de água mineral, e desse modo pude acompanhar os soviéticos, esvaziando o conteúdo de meu copo sem terminar o almoço em estado de coma.

No final da tarde, participamos de uma reunião com os dirigentes do partido na região, onde se discutiu a queda da produção naquela safra. Um dos dirigentes acusou abertamente os responsáveis pelo *colcoz* de falta de espírito revolucionário e de erros na condução do trabalho agrícola. O acusado admitiu a culpa, prometendo não voltar a errar. Aquilo me pareceu um espetáculo montado para nos mostrar como se praticava o centralismo democrático e que o PCUS era o verdadeiro motor que fazia o país funcionar. No meu caso, a impressão que conseguiram foi negativa. Ficou-me a suspeita de que os trabalhadores daquela fazenda não estavam efetivamente engajados nos planos do governo e que, se o partido parasse de estimulá-los, a produção entraria em colapso.

No dia seguinte, dentro de uma manhã luminosa e fresca, nos dirigimos para Magnitogorsk, a cidade do aço, onde se situava uma das maiores usinas siderúrgicas da União Soviética. Basta dizer que, naquela época, ela sozinha produzia mais aço que o Brasil. A cidade apareceu no horizonte coberta por uma nuvem de poluição, marrom e negra.

O diretor da usina era um homem de uns sessenta anos, com uma biografia que se confundia com a construção do socialismo e a vitória sobre o invasor alemão durante a Segunda Guerra Mundial. Falou-nos do enorme esforço feito para industrializar-se o país, uma vez que as potências ocidentais, detentoras dos avanços tecnológicos, se negavam a negociá-los com a jovem nação soviética. "Tivemos que descobrir tudo de novo", disse ele, citando como exemplo a tecnologia para produzir o tubo de aço sem costura, que agora sua usina fabricava em larga escala.

Durante toda a visita, eu e Elôina nos mantivemos juntos, aproveitando os mínimos instantes para nos dizer coisas carinhosas. Mas, após o almoço com a direção da usina, o diretor chamou-a à parte e entrou com ela por uma porta. Algum tempo depois saíamos para continuar a visita e nada dos dois aparecerem.

Mais tarde, Elôina me contou o que ocorrera. Notara, durante a visita, que o tal diretor da usina não lhe tirava os olhos de cima.

— Mas o que ele queria?

— Me fez uma proposta. Disse que está deixando a direção da usina para ocupar a embaixada soviética na Alemanha Oriental. Quer que eu vá com ele pra lá. Me oferece uma vida de princesa.

— E você, o que respondeu?

Ela sorriu.

— Disse a ele: "Camarada, se a embaixada fosse em Paris eu aceitava. Na Alemanha Oriental jamais."
— Aceitava mesmo, Elôina?
Ela me olhou com ar brincalhão.
— Depois que eu perder você, só mesmo Paris para me consolar...
Fiquei sem saber o que dizer. Ela assanhou meus cabelos com a mão.
— Bobo! Você é mesmo um bobo, Cláudio!

46

De volta a Chelyabinsk, nos reunimos com a direção do partido ali. Como sempre, devíamos opinar sobre o que víramos e como sempre todo mundo achou tudo uma maravilha. Mais uma vez resolvi dizer o que efetivamente pensava, não para ser desagradável, mas levantar as questões com franqueza. Nem acreditava que eles desejassem ouvir mentiras. Por isso, referi-me ao prédio de Novos Urais e perguntei por que razão construíram ali um edifício de cinco andares se a água não podia subir além do térreo.

— É uma pergunta interessante – respondeu o dirigente – porque me permite falar de um tipo de erro que o partido cometeu muitas vezes no passado. Por um lado, achava-se que fazer o moderno era fazer o melhor, e por outro, o partido acreditava saber o que era melhor para as pessoas, sem consultá-las antes.

E contou a história de um conjunto residencial que fora construído nas proximidades de Chelyabinsk com o propósito de alojar nele os camponeses de um antigo povoado da região. No dia da inauguração, com festa e banda de música, os camponeses entraram em fila para receber seus respectivos apartamentos. Um trazia consigo um porco, outro uma cabra, outro duas galinhas, outro um jumento.

— Camarada – perguntou o funcionário que fazia a entrega das chaves —, aonde você vai com esse porco?

— Pro meu apartamento.

— Mas porco não pode viver em apartamento.
— Não pode? Então volto pra minha casa.

E assim voltaram todos com seus animais para o velho e bom povoado onde sempre viveram.

— E sabem por que foi construído aquele conjunto residencial? – continuou o dirigente do PCUS. – Porque o partido achava que os camponeses tinham o direito de viver em apartamentos assim como os operários da cidade.

Antes de concluir nossa viagem, fizemos uma visita à região dos Montes Urais onde, num trenzinho poeticamente puxado por uma pequena locomotiva e na companhia de um grupo de crianças, cruzamos a fronteira da mítica Sibéria.

— Acabamos de atravessar da Europa para a Ásia! – anunciou-nos a guia.

Uma viagem de cinco minutos, mas inesquecível.

47

O resto do ano transcorreu sem novidades. À medida que os dias passavam e se aproximava a data de minha partida, Elôina se mostrava mais aflita. De repente, me informou que tinha tomado uma decisão: não ficaria em Moscou depois que eu fosse embora.

— Vai pra onde?

— Ulan-Bator, na Mongólia. Ano passado convidaram Alexei para ir trabalhar lá e eu me opus. Agora vou dizer a ele que estou disposta a ir.

— É uma reconciliação? – indaguei enciumado.

— É você que está indo embora, não é? Tenho que me agarrar em alguma coisa!

— Desculpe – falei, beijando-lhe o rosto.

No dia 31 de dezembro fui para a casa dela com uma garrafa de champanhe russa e um pacote de frutas secas. Ficamos juntos desde as três da tarde. À noite, chegou Alexei, que fora almoçar com os pais e depois festejar com os colegas de trabalho. Tinha bebido, estava mais expansivo que de hábito.

Abraçou-me e me beijou no rosto, fazendo-me em seguida tomar com ele um trago de vodca. Elôina, sabendo de minha pouca simpatia por vodca, tratou de defender-me do entusiasmo do marido.

Jantamos fartamente e à meia-noite em ponto levantamos um brinde ao novo ano que chegava. Elôina me puxou para a janela e me disse:

— Promete que, a partir de hoje, sempre lembrarás de mim na passagem do ano.

— Prometo. Nunca vou te esquecer.

— Me beija.

Eu a beijei na boca, diante de Alexei, que tinha parado para nos observar. Elôina foi até ele e beijou-o no rosto. Ele a beijou também. Continuamos a beber, conversar e cantar até secarmos a última garrafa. Adormeci no divã da sala. No dia seguinte, quando acordei, Elôina me disse:

— Vai embora.

— O que houve? Está me expulsando?

— Quero me livrar de você. Vai.

Vesti meu sobretudo e saí na manhã gelada. O fato é que, dali a três meses, eu deixaria Moscou para sempre.

48

Ksênia me chamou à parte e me comunicou que, no dia seguinte, eu teria uma conversa com um dirigente do PCUS.
— Conversa? Sobre o quê?
— Oh, Cláudio, você parece que vive no mundo da lua. Você não está indo embora?
— Estou, claro.
— Então, é sobre isso.

Pouco antes Renato estivera em Moscou e conversamos a respeito do rumo que devia tomar ao sair da União Soviética. As opções eram: voltar para o Brasil, ir para a Argélia ou para o Chile. A hipótese do Brasil, eu descartei de cara, pois não estava disposto a voltar a viver na clandestinidade. Na Argélia, Oscar Niemeyer, meu amigo, prontificava-se a me conseguir emprego, mas eu tinha certeza que não me daria bem lá. Restava o Chile. Ao ouvir Prestes, ele ponderou que a situação chilena era bastante instável, mas argumentei que, em último caso, iria de lá para o Peru ou Argentina, mesmo porque me sentiria melhor estando mais próximo do Brasil.

A conversa com o dirigente do PCUS dizia respeito aos problemas de segurança. Devolveu-me o meu passaporte, que tinha estado com eles desde meu retorno de Paris, agora com um novo visto falso indicando que eu morara os últimos meses em Genebra. Deveria afirmar isso de pés juntos, caso ocorresse algum imprevisto. Quanto à viagem, eu sairia de Moscou com destino a Roma pela Aeroflot, permaneceria ali dois dias e no terceiro voaria pela Alitalia para Buenos Aires.

— Entendido? – perguntou ele e Ksênia traduziu. Em seguida, entregou-me um papel.

— Este telefone é de um companheiro do partido brasileiro em Santiago do Chile. Ao chegar a Buenos Aires, ligue para ele e acerte o dia de sua ida para lá. Ele irá recebê-lo no aeroporto. E lembre-se, camarada: para todos os efeitos, você nunca esteve na União Soviética. Este é o ponto principal. Entendido?

— Sim, camarada.

Estendeu-me a mão fraternalmente.

— Desejo-lhe boa sorte.

Ao lembrar hoje daqueles últimos dias em Moscou, a impressão que tenho é de que, subitamente, tudo se precipitou, que o tempo passou numa velocidade alucinada. Quando dei por mim, estava às vésperas da viagem. Alexei já havia embarcado para Ulan-Bator, a fim de assumir suas funções ali e preparar a casa para receber a família. Elôina arrumava as coisas, tomava as providências finais.

— Você embarca segunda-feira, não é?

— É, segunda-feira – confirmei.

— Eu, quinta-feira deixo Moscou – disse ela – e ficou um tempo em silêncio. – Não sei como vou suportar mais três dias nesta cidade, sabendo que você não está mais nela.

— Esquece isso. Pensa só numa coisa: eu te amo e vou te amar sempre.

Ela me sorriu, mas seus olhos verde-diamante estavam tristes.

49

No domingo cheguei ao apartamento de Elôina por volta das onze da manhã. Almoçaríamos e passaríamos juntos o resto do dia, conforme combináramos na noite anterior, quando nos amamos pela última vez.

— Nada de tristeza.

— Claro – admiti, sem convicção.

Após o almoço, que ela preparara com capricho especial, fomos para o quarto levando uma garrafa do indefectível martíni seco, que eu reservara para a ocasião. Sentamos na beira da cama, bem perto um do outro. Bebemos e rimos, lembrando episódios engraçados ocorridos no Instituto ou nas viagens que fizéramos juntos. E terminamos, como era inevitável, falando de nós mesmos.

— E eu que, quando te vi pela primeira vez, jurei que não ia namorar você! – disse ela.

— Pois eu jurei que ia te namorar, custasse o que custasse – disse eu, rindo.

— Não sabe quanto me doía ver você, toda tarde, vestir o casaco e ir embora, quando minha vontade era te levar comigo.

— Pois é, e eu que todas as noites sonhava com você.

— Todas? Não acredito.

— Sonhava, sim. Uma coisa incrível. Eram sonhos maravilhosos, coloridos, onde nós nos beijávamos, nos amávamos, na maior felicidade.

— Tudo isso parece irreal, não é? Até esta despedida.

Antes de terminado o martíni, ela trouxe uma garrafa de vinho tinto que fomos bebendo propositalmente devagar para adiar a despedida.

— Fiz um poema pra você – disse eu.
— Está aí contigo? Me mostra.

Tirei o poema do bolso e entreguei a ela.

— Mas não leia agora, tá?
— Está bem, leio depois... É um poema de adeus?
— É.
— Ah, Cláudio!

Ela se jogou sobre mim, me abraçou. Segurei o choro.

— Isto é uma loucura – disse ela depois, igualmente comovida. – Devíamos ter ido para um restaurante com música. As despedidas devem ser alegres.

— Eu não suportaria – respondi.
— Eu sei, não combina com você.
— Tenho que viver a realidade das coisas, por mais que doa.

A noite avançava. Chegou a um ponto em que já não tínhamos mais como evitar a única coisa que nos restava fazer: nos despedirmos. Mas nos faltava coragem, porque sabíamos que seria para sempre. O silêncio opressivo era a expressão de nosso impasse insuportável. Subitamente, ela se levantou e saiu do quarto. Voltou com meu casaco e me disse.

— Toma. Vai embora.

Coloquei o cachecol no pescoço, tomei-lhe o casaco das mãos e o vesti. Ela ajeitou-me o cachecol, para me proteger a garganta.

— Está frio lá fora.
— É, deve estar.

Ela me olhou nos olhos.

— Promete que vai voltar um dia.
— Eu volto, sim, um dia eu volto!

— Está bem. Agora vai – sussurrou ela, beijando-me suavemente na boca.

Como um autômato, desci os lances da escada e cheguei à rua. Ela apareceu na janela e gritou.

— Começo agora a te esperar!

Contendo um soluço, apressei o passo dentro da noite gelada. De repente, minha mão tocou, no bolso do casaco, um maço de notas que eu tinha trazido para lhe dar, já que aquele dinheiro em breve não me serviria de nada. Lamentei o esquecimento, mas não suportaria voltar. Foi quando ouvi passos atrás de mim. Era ela, que vinha correndo e se jogou nos meus braços.

— Eu te amo, eu te amo! – disse beijando-me a boca e os olhos. Apertei-a nos braços com desespero.

— Desculpa – disse ela se soltando. – Vai, vai embora!

Procurei o bolso do seu casaco e pus nele o maço de notas que trazia comigo.

— O que é isso?

— Nada. Depois você vê... Adeus.

Saí andando. Adiante me voltei e acenei para ela, que permanecia no mesmo lugar. Apertei o passo. *Estou cada vez mais longe dela*, pensei comigo. *Como pode? Estou caminhando deliberadamente na direção contrária à minha felicidade!*

Na última curva da alameda, olhei para trás mas já não a vi.

50

No quarto, os colegas me aguardavam para uma festa surpresa de despedida. Como eu havia sumido, alguns deles já estavam bêbados e outros quase dormindo. Minha chegada lhes deu ânimo novo e todos passaram a cantar uma canção engraçada que haviam composto para mim. Essa brincadeira carinhosa, se não me tornou alegre, pelo menos aliviou o sentimento de perda que me esmagava. Fui dormir muito tarde e bêbado, e só acordei quando alguém começou a esmurrar a porta do quarto às seis da manhã. Ainda meio tonto, aprontei-me o mais rápido que pude e desci com a bagagem até o hall de entrada, onde me aguardava um homem grande, de terno escuro e gravata, que só falava russo.

No carro, a caminho do aeroporto, via com indiferença desfilar diante de meus olhos a cidade onde eu vivera um sonho. Elôina estaria certamente dormindo àquela hora. Quando acordasse... Afastei esse pensamento e me fixei no mundo impessoal que via pela janela do carro.

Não sei quanto tempo esperei antes de embarcar. Agora o avião se movimentava, buscando a pista de decolagem. Era como se nada daquilo estivesse ocorrendo comigo.

Nesse mesmo estado, desembarquei em Roma, recolhi minha bagagem, troquei dinheiro e me deixei levar a uma pensão ordinária pelo primeiro sujeito que me abordou. Meteu-me num táxi e durante toda a viagem lamentou-se do pouco que ganhava para sustentar a mulher paralítica e o filho mongoloide. Era tudo mentira, evidentemente, visando me tirar uma gorjeta. Mas quando me vi sozinho no quarto, senti falta daquele palavrório, um ruído externo que me afastava de mim.

Tomei banho e saí para a rua à procura de uma agência da Alitalia, que não foi difícil encontrar. Conforme as instruções, marquei minha ida para Buenos Aires, dois dias depois. Almocei no primeiro restaurante barato que encontrei no caminho e voltei para o hotel.

Estava agora sozinho, em Roma, com meu desamparo. Não havia como fugir. Tirei os sapatos e me estiquei sob o lençol, vestido como estava. "Eu nunca mais vou vê-la", disse para mim mesmo numa explosão de lágrimas e soluços. "Nunca mais!" E me deixei ficar ali, inerte, finalmente rendido à minha dor, as lágrimas escorrendo-me soltas pelo rosto.

Não sei quanto tempo durou aquele choro interminável nem em que momento adormeci. Ao acordar, já era noite e eu me sentia vazio, morto, conformado.

TERCEIRA PARTE

51

Das conversas que mantive com Mansilla, Oleg e outros professores do Instituto, deduzi que a situação do governo de Salvador Allende não era tão boa quanto se afirmava em conferências e palestras para os alunos. Não é que os conferencistas omitissem os problemas; simplesmente os subestimavam enquanto superestimavam as possibilidades que teria Allende de superá-los. Um dos graves erros cometidos pelo governo socialista foi, logo de saída, dar um aumento salarial de cem por cento a todos os trabalhadores do país, o que provocou o consumo desenfreado e o esgotamento dos estoques. As prateleiras ficaram vazias e os preços subiram vertiginosamente. A necessidade de atender ao consumidor fez convergir para a produção de bens de consumo os recursos que deveriam dirigir-se para os setores básicos da economia. Ao mesmo tempo, o esforço para suprir o comércio e minorar a escassez de mercadorias era frustrado pela ação sabotadora da burguesia, que comprava e estocava tudo o que não fosse bem perecível: do café ao leite em pó, do detergente ao papel higiênico, do óleo de cozinha às conservas, passando pelos cigarros e artigos de limpeza. Essa situação era agravada pelo bloqueio econômico imposto ao Chile pelos Estados Unidos. Como represália à nacionalização das minas de cobre, os norte-americanos jogaram no mercado internacional suas reservas desse minério e com isso fizeram baixar o preço do produto que era a base da economia chilena. A consequente redução drástica das divisas em dólar provocou a escassez de produtos essenciais que o Chile importava, como a carne, o leite, a manteiga, o petróleo, sem falar em peças e acessórios para a indústria e os veículos em geral. A situação tornou-se crítica, o descontentamento cresceu, a classe média se aliou aos ricos e passou a ouvir a pregação da direita. Quando cheguei a Santiago, em maio de 1973, encontrei a cidade paralisada por uma greve de transportes que só terminaria cinco meses mais tarde com a queda de Salvador Allende.

Armênio, membro da direção do PCB e meu velho conhecido, estava no aeroporto para me receber. No telefonema que lhe dera, de Buenos Aires, alertou-me para o fato de que, ao desembarcar, dissesse às autoridades que permaneceria no Chile apenas dois ou três dias, a fim de que não fosse obrigado a trocar muitos dólares no câmbio oficial. Agi conforme sua recomendação, já que minha grana era escassa. Recebi meu passaporte de volta carimbado e fui liberar a bagagem, de sorte que uma meia hora depois, cruzávamos Santiago em direção ao apartamento de Raimundo, onde deveria ficar hospedado.

Raimundo era um brasileiro de vinte e tantos anos que morava no bairro de Providência, perto do centro, num apartamento razoavelmente confortável. Ali estavam à minha espera, além dele, outros brasileiros, que me receberam com simpatia e cordialidade. Mas me surpreendi quando um deles me perguntou quando havia deixado Moscou.

— Nunca estive em Moscou – respondi.

Ele sorriu.

— Deixa de onda, poeta, a gente sabe que você veio de lá.

Fingi que não havia escutado essas palavras, perguntei onde ficava o banheiro e saí da sala, chateado. Como aquele cara, que talvez nem do partido fosse, sabia que eu viera de Moscou, se tal fato, por medida de segurança, devia ser mantido em estrito sigilo?

Deixei passar minha irritação e voltei para a sala, onde Raimundo me ofereceu um trago de pisco, a cachaça chilena, tão forte quanto a vodca. Minha barriga, vazia, roncava, pois ficara muitas horas sem comer, não conseguira tragar o almoço servido no avião. De fato, ainda não me recuperara do trauma emocional provocado pela perda de Elôina.

Lá para as cinco da tarde, nos dirigimos a um restaurante próximo dali. Minha fome era tanta que, mal a comida chegou, engoli vários pedaços de pizza quase sem mastigar. Senti uma dor fortíssima no estômago, um enjoo, e desmaiei sobre o ombro de Armênio. Em seguida, voltei a mim, mas aqueles poucos segundos eu os vivi como uma experiência da morte. Fundira-me ao nada e voltara. Nesse momento formei opinião do que deve ser a morte que, desde então, deixou de me assustar. A sensação que me ficou não foi de perda, de uma vida que houve e se acabara, e sim a de uma ausência absoluta, como se nada – nem eu nem o mundo – houvesse jamais existido.

Eu era um olho cuja pálpebra conseguiu finalmente firmar-se aberta e o mundo entrou de novo em foco. Recompus-me.

— O que houve?

— Estava com o estômago vazio e engoli sem mastigar. Acho que foi isso.

— Que susto, cara! Já imaginou se você estivesse morto agora aqui? Ia ser uma cagada federal – disse Armênio.

— Pra vocês – falei rindo. – Para mim, todos os problemas teriam acabado.

52

Na primeira conversa que tivemos no dia seguinte, Raimundo me disse que estava prestes a voltar ao Brasil e que, se eu quisesse, me passaria o contrato do apartamento.

— Fui absolvido e estou tomando as providências legais que me permitirão voltar – disse ele.

— Cuidado, hein – brinquei – o pessoal da repressão costuma dizer: "está absolvido na justiça mas não na polícia".

Rimos os dois.

— Eu já não aguento mais isto aqui. Depois que a Joana se foi, não aguento mais.

Joana, mulher de Raimundo, o havia abandonado por um cineasta brasileiro que visitara Santiago. De volta de uma viagem, encontrou um bilhete em cima da mesa. Estava zonzo ainda, vários meses depois.

— Sinto muito, companheiro. Quanto ao apartamento, se tudo der certo, fico com ele.

Aquela história de Raimundo veio perturbar ainda mais a minha cabeça atormentada com as lembranças de Elôina. Esforçava-me por me ligar no presente, nas providências que teria de tomar para legalizar minha permanência no Chile mas não conseguia esquecê-la.

Certa manhã, tendo saído à procura de cigarros, cada dia mais difíceis de comprar, divisei do outro lado da rua uma mulher alta, esbelta, com um lenço de seda na cabeça. Levei um susto: era Elôina! Estava de costas, mas era ela! Será possível?! Mas como poderia Elôina estar em Santiago do Chile se tinha ido para a Mongólia? Vai ver que se arrependeu e veio atrás de mim. A mulher se moveu e pude perceber-lhe o perfil. Era Elôina, sim! Nesse instante, um táxi estacionou em frente, encobrindo-a. Entro em pânico: vai tomar o táxi! Vai desaparecer! Disponho-me a atravessar a rua, mas o carro volta a andar e me permite vê-la agora caminhando em direção à vitrina de uma loja. Não sei o que fazer. Vou até ela? Uma onda de tráfego me impede de cruzar a rua. Agora ela se afasta e vai atravessar a rua transversal à nossa. Caminho pela calçada em que estou para não perdê-la de vista, mas, após cruzar a rua, dobra por ela, obrigando-me a passar entre os veículos em movimento para alcançar a rua por onde vai agora. Enquanto a sigo, me pergunto por que, se aquela mulher é Elôina, por que não me procurou? E respondo que não poderia, pois, para me localizar, teria que entrar em contato com gente do meu partido ou do partido soviético e isso a comprometeria. Aflito, continuo a seguir a mulher ao longo de toda aquela rua, movido pelo desejo insensato de encontrar Elôina mesmo onde não poderia estar. Finalmente, ela faz sinal para um ônibus que se detém e me impede de vê-la; quando o ônibus volta a andar, ela sumira. Sigo o ônibus com a vista durante algum tempo e, vencido, retomo o caminho de volta. *Não, não era ela*, digo a mim mesmo, não poderia ser ela.

53

Não foi preciso muito tempo para perceber que as tensões crescentes da sociedade chilena punham em risco o governo socialista. Para quem vinha de fora, isso parecia evidente, embora não o fosse para os exilados que lá viviam, ou porque estavam comprometidos demais com o processo ou porque preferiam não encarar a realidade. Manifestei a Armênio essa preocupação e pedi a ele que me ajudasse a regularizar minha situação. Afinal de contas, declarara que ficaria apenas três dias no país e já estava lá havia duas semanas. Ele brincou comigo.

— Que é isso, poeta? Não acredita mais na classe operária?

— Na classe operária, acredito. Não acredito é nos militares. Essa história de que o Exército chileno é profissional e por isso não dá golpes, eu não engulo.

Não chegamos a um acordo mas saímos juntos para as providências necessárias. Fomos ao palácio La Moneda, em cujo térreo funcionava um departamento burocrático, mas a coisa teria que ser resolvida noutro lugar. Dirigimo-nos a esse lugar, mas o funcionário indicado para facilitar a solução de meu problema não estava. Como Armênio tinha outras coisas a fazer, deixamos meu caso para outro dia. Esse outro dia foi adiado a primeira vez porque Armênio se demorou demais numa reunião de exilados e outra vez porque ele teve que fazer uma pequena viagem.

Enquanto isso, tratei de tomar outra providência: regularizar minha condição de jornalista a fim de poder trabalhar Informaram-me que havia duas entidades onde isso poderia ser feito, uma de esquerda e outra de direita.

— Como se chama a de direita?
— Colégio de Periodistas de Chile.
— É nessa que eu vou me inscrever.
— Tá maluco, cara?
— Sei o que estou fazendo.

E entrei com o pedido de inscrição que, decorridas algumas semanas, foi deferido. Mas para conseguir trabalho devia ter o visto de permanência e para conseguir o visto de permanência tinha que estar empregado.

— Uma coisa impede a outra. Como pode?

A burocracia cria exigências absurdas para depois burlá-las. Explicaram-me: basta obter de uma empresa uma declaração de que está disposta a te contratar. Em face dessa declaração, o governo concede o visto. Com o visto, você se emprega, naquela empresa ou em outra qualquer.

Saí atrás da tal declaração e a consegui da revista *Chile Hoy*, graças a Theotônio Júnior, que trabalhava nela. Entrei com o pedido de visto permanente no que eles chamavam de *la Estranjeria*, parte do Ministério das Relações Exteriores.

54

Todas as noites explodia uma bomba próximo ao nosso apartamento.

— Não se preocupe, é a bomba das oito – disse-me Raimundo.

E me explicou que era ação de uma organização terrorista chamada Pátria y Libertad, que já havia realizado vários atentados por todo o país e cuja atividade aumentava a cada dia. O que não demorou a confirmar-se: uma semana depois voava pelos ares um depósito de combustível que abastecia quase todo o Sul do país. A audácia crescente dos atentados, que se somavam à interminável greve dos caminhoneiros, levou Allende a fazer um pronunciamento à nação. Todo o Chile parou para ouvi-lo através de uma cadeia de rádio e televisão. Eis que, de repente, a imagem do presidente some, a televisão se apaga e o apartamento fica às escuras. Vamos à janela e verificamos que todo o bairro estava sem luz.

Ainda aquela noite soubemos que se tratava de mais uma ação dos terroristas: haviam dinamitado algumas torres do principal sistema de transmissão de energia elétrica do Chile. Esse ato tornou-se conhecido como *el apagón*, e minou seriamente a autoridade do presidente da República.

A essa altura, Raimundo terminara os preparativos para retornar ao Brasil e viajara. Eu fiquei com o apartamento e com tudo o que tinha dentro, por um preço em dólar que me pareceu razoável e ao alcance de minhas limitadas reservas. A verdade é que o peso chileno estava tão desvalorizado que o aluguel do apartamento não chegava a três dólares. Por dez, alugava-se uma casa num bairro chique.

Raimundo tinha uma namorada chilena, chamada Claridad, que frequentava o apartamento esporadicamente. Mistura de sangue espanhol e indígena, suponho, era jovem e bonita. Com a aproximação da volta dele para o Brasil, a presença dela se tornou mais frequente, e isso o deixava visivelmente inquieto. Terminou por confidenciar-me que Claridad queria ir para o Brasil com ele.

— E você – perguntei-lhe –, o que acha?

— Assim de cara não dá. Vou sozinho, lá eu decido.

Alguns dias após a partida de Raimundo, Armênio me perguntou se Claridad podia ficar um tempo morando comigo. Explicou-me que ela se desentendera com os pais e estava precariamente na casa de uma amiga, cujo apartamento mal cabia ela, o marido e os filhos. E brincou: "Como você está sozinho e ela também..."

A presença de Claridad no apartamento teria consequências. Era difícil para mim vê-la passar do banheiro para o quarto, recém-banhada, nua sob o roupão, sem me excitar. Como seu trabalho era à noite – ela estreara como atriz embora fosse bailarina de formação –, passava a maior parte do dia em casa, o que nos obrigava a um convívio diário. Fazíamos as refeições juntos e conversávamos, inicialmente sobre sua relação com Raimundo, depois sobre os seus problemas profissionais, familiares e pessoais. Um domingo fomos ao cinema e ficamos de mãos dadas durante o filme. De volta ao apartamento, ela se mostrava ansiosa e entediada, sugeri que jogássemos damas, mas, de repente, interrompeu o jogo.

— Tá vendo? – disse ela em espanhol. – Isto é a vida de casados. *Cosa aburrida!* Assim viveram meus pais a vida inteira. Eu não vou repeti-los!

Tarde da noite, de volta do teatro, pediu-me desculpas e me acariciou o rosto. Abrimos uma garrafa de Tarapacá e conversamos até tarde. Quando ela foi para o quarto, fui com ela. Deitamos na cama e nos beijamos. Abri-lhe a blusa e toquei-lhe nos seios, mas ela se retraiu.

— Espera – disse. – Não sei se vou querer...

Passou então a falar de um italiano que conhecera e que, como eu, tinha mais de quarenta anos. Apaixonara-se por ele, por suas maneiras delicadas, seus cabelos grisalhos, mas ele lamentavelmente tinha o pau pequeno, disse ela, acrescentando: e isso pôs tudo a perder. "Homem pra mim", afirmou, "tem que ter pau grande, bem grande."

Essa conversa me inibiu. Nunca tinha me preocupado com o tamanho de meu pênis e tampouco podia saber o que, na estimativa dela, era um pau grande. A conversa se estendeu além do suportável; desinteressado, adormeci; quando acordei ela já dormia. Fui para o meu quarto.

A partir daquela noite, nossa relação mudou. Ela agora mal parava em casa, almoçava na rua ou na casa de alguém. Chegava tarde, às vezes quando eu estava dormindo. De qualquer modo, como o apartamento era dúplex e meu quarto no andar de cima, não percebia quando ela chegava. Um dia, porém, eu estava acordado na sala, quando Claridad entrou em companhia de um sujeito, cabeludo e de barbas, com aparência de hippie. Apresentou-nos formalmente e trancou-se com ele no quarto. Fui dormir e, ao acordar de manhã, me deparei com a mesa coberta de pratos sujos de comida: eles haviam consumido toda a comida que havia na geladeira e que eu tinha conseguido a duras penas, enfrentando filas quilométricas. A única garrafa de Tarapacá que me restava, eles tinham bebido. O quarto continuava fechado com os dois lá dentro, dormindo. Achei que aquilo era um abuso, mas não falei nada. Na noite seguinte, quando ela de novo entrou em companhia do cara, eu a chamei à parte e lhe disse que devia ir dormir com ele em outro lugar. "Na casa dele, por exemplo", disse eu. Ela não gostou. Na manhã seguinte, quando eu estava no banho, entrou, pegou suas coisas e foi embora. Deixou-me a chave com um bilhete magoado e irônico. De qualquer modo, ela não poderia permanecer muito tempo como minha hóspede porque Thereza e meus filhos deveriam chegar em breve a Santiago para me visitar.

55

Thereza trouxe consigo apenas um de nossos filhos, Marcos, o mais moço. Embora estivesse informada sobre o que se passava no Chile, levou um susto quando chegou a Santiago. Não imaginava que a situação fosse tão grave. De fato, àquela altura já quase não se conseguia o que comer, além do que vendiam as JAP (Juntas de Abastecimento e Preços), sabotadas tanto pelos produtores de alimentos como pelos comerciantes. Até a escassa carne de boi, que se obtinha a peso de ouro no mercado clandestino, não era mais possível comprar. O frango congelado, que de vez em quando aparecia em algum mercado, sumiu definitivamente. Só a merluza e as salsichas feitas com carne de peixe ainda era possível encontrar, com grande esforço e muita sorte.

Essa situação de penúria reduzia a base popular do governo, desgastado junto aos militares e setores da classe média por iniciativas radicais dos seus próprios aliados. Um livro, publicado pela editora oficial, ofendia nada menos que O'Higgins, o pai da pátria chilena. A crise provocada por esse livro e explorada pelos jornais de oposição obrigou Allende a ir à cidade natal de O'Higgins, no dia da Independência, e fazer de lá o tradicional discurso à Nação, praticamente pedindo desculpas aos militares.

Mas essa não foi a maior contribuição das esquerdas ao golpe que a direita preparava. Além da exibição de força, com a apresentação de pelotões simbolicamente armados nas manifestações de apoio ao governo, a extrema esquerda incitava os trabalhadores à realização de greves intermináveis em empresas privadas, ainda que pequenas, para forçar Allende a encampá-las. E isso era feito, muito embora o governo não dispusesse de quadros competentes para administrar essas empresas, que terminavam indo à falência.

Como a paralisação do transporte rodoviário se prolongasse por meses a fio, estrangulando a economia, Allende decidiu agir com mão de ferro, determinando a encampação dos veículos que participavam da greve. Essa decisão foi anunciada na televisão pelo próprio presidente, mas, para decepção dos que o apoiavam, nada aconteceu. As Forças Armadas e os carabineiros, que foram encarregados de pôr em prática a determinação presidencial, fizeram corpo mole. Os caminhoneiros, por sua vez, aproveitaram a lentidão da ação repressora para retirar dos veículos peças que tornaram impossível pô-los em funcionamento. Dessa forma, ficou mais uma vez evidente que o presidente da República não mandava.

Às vésperas do regresso de Thereza ao Brasil, tivemos uma longa conversa sobre a decisão que devíamos adotar e concluímos que seria uma insensatez trazer a família para um país que se encontrava em estado de calamidade e sob ameaça de uma guerra civil. Deveríamos dar um tempo para ver o rumo que as coisas tomariam.

56

Desci à rua para comprar jornal quando o Serginho, que morava no térreo, me chamou da janela. Ele estava nervoso.
— Começou o golpe. Allende tá falando no rádio.
Entrei para ouvir. A voz de Allende era tensa. Pedia ao povo que apoiasse o governo legalmente constituído e se valesse do que tivesse à mão para enfrentar os golpistas. Fiquei assustado: pedir ao povo, desarmado, que enfrente os tanques militares? Era um apelo desesperado, indicativo da pouca confiança de Allende nas Forças Armadas.

Naquela manhã, o que ocorria era a sublevação de um pequeno regimento num quartel do Exército, em Santiago. Mas sabíamos que assim começaram outros golpes em outros países latino-americanos: um foco rebelde que obriga o governo a agir e provoca a solidariedade de outros contingentes militares.

Junto com alguns brasileiros que moravam no prédio, fui para o Palácio La Moneda, sede do governo chileno, que não ficava muito longe dali. A uma quadra do palácio, fomos detidos por carabineiros em roupa de campanha e fuzil nas mãos. Aos poucos crescia o número de pessoas que vinham prestar apoio ao presidente. Os boatos circulavam, ora diziam que a Aeronáutica aderira ao golpe, ora que contingentes do Sul do país também haviam-se rebelado. Finalmente, uma moça com um rádio de pilha nos chamou para ouvir uma nota oficial: o comando do Exército informava que a insubordinação, que se

De bigode e com as sobrancelhas remodeladas, Ferreira Gullar procurava disfarçar a fisionomia para não atrair os olhos da ditadura civil-militar. Esta era a foto de seus documentos falsificados, onde o poeta usava o nome "Cláudio". [ARQUIVO DA FAMÍLIA]

Quando chegou a Santiago, uma das primeiras providências de Gullar foi se credenciar ao grupo de jornalistas de direita no país, o Colegio de Periodistas de Chile. Depois do golpe que vitimou Salvador Allende e instaurou a ditadura, ter em posse a carteira salvou sua vida. [ARQUIVO DA FAMÍLIA]

SERVIÇO NACIONAL DE INFORMAÇÕES
AGÊNCIA CENTRAL

INFORMAÇÃO Nº 465/16/AC/76

DATA   : 29 Set 76
ASSUNTO   : JOSÉ RIBAMAR FERREIRA OU FERREIRA GULLAR
REFERÊNCIA   : MEMO 1931/SI-GAB, de 05 Set 75
DIFUSÃO   : CH/SNI
ANEXOS   : "A" - CÓPIA DO EXTRATO DE PRONTUÁRIO DO NOMINA
                     DO
               "B" - UM LIVRETO INTITULADO "POEMA SUJO", de
                     autoria do nominado (cópia de trechos)

---

1. JOSÉ RIBAMAR FERREIRA, sobre quem esta AC/SNI possui os registros constantes do extrato de prontuário, cuja cópia segue anexa, encontra-se atualmente, na ARGENTINA e pretende regressar ao BRASIL, sob o pretexto de ver os filhos, que estariam doentes.

2. Com edição esgotada, acaba de ser lançado no mercado livreiro nacional, o livreto "POEMA SUJO" de autoria de FERREIRA GULLAR,- nome usado como escritor -, no qual procura transcrever as reminiscências de sua cidade natal e mesmo do BRASIL, de maneira inescrupulosa, insípida, minuciosa e pornográfica, como se pode observar das passagens assinaladas no anexo "B" (páginas 11, 12, 14, 17, 19, 22, 45, 52, 83, dentre outras).

3. Além dos registros constantes do prontuário do nominado, há um informe, segundo o qual, o PCUS estaria pretendendo imprimir mais força à "guerra psicológica"no BRASIL, valendo-se de FERREIRA GULLAR, que voltaria com responsabilidades políticas mais altas e que iniciaria seu trabalho de doutrinação a elementos ligados à Imprensa brasileira. Ressalta, esta AC/SNI, que essa influência já se vem caracterizando nos meios

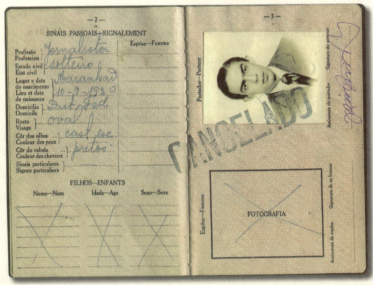

O exílio nunca foi fácil. Em 1976, depois do desaparecimento do filho Paulo, Gullar tentou renovar o passaporte na embaixada brasileira em Buenos Aires. A resposta do governo foi carimbar "cancelado" em todas as páginas. [ARQUIVO DA FAMÍLIA]

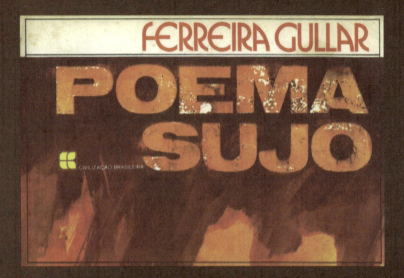

Primeira edição do *Poema sujo*, publicado pela Civilização Brasileira, em 1976. Ferreira Gullar ainda se encontrava exilado no dia do lançamento deste que é considerado um dos maiores poemas da língua portuguesa.

Imagens do lançamento de *Poema Sujo*, no Rio de Janeiro em 1976. Na primeira foto, Ziraldo conversa com Motinha, historiador e marido da pintora Djanira. Na segunda, se vê, ao centro, Ênio Silveira, editor da Civilização Brasileira e responsável pela publicação do livro. [ARQUIVO DA FAMÍLIA]

CONFIDENCIAL

INFE B-2

N.º 1473/3 1/AC/77

FERREIRA GULLAR

11 MAR 77

Em 10 Mar, FERREIRA GULLAR retornou ao BRASIL, desembarcando no Galeão, procedente de BUENOS AIRES/ARGENTINA. No Aeroporto, à sua espera, estavam PRUDENTE DE MORAES NETO - Presidente da ABI, VILAS BOAS CORRÊA - Diretor da Sucursal de "O Estado de São Paulo" no RIO DE JANEIRO, ALBERTO DINES - Chefe da Sucursal das "Folhas" SP, MÁRIO CUNHA, e repórteres do "Jornal do Brasil", de "O Globo", "Veja", "Manchete", UPI, elementos vinculados aos meios artísticos, a esposa do nominado, TERESA ARAGÃO e seus filhos.

O jornalista, como se sabe, saiu do País ao ser instaurado o IPM sobre o Comitê Central do PCB, do qual era um dos coordenadores. Desde essa época o nominado ficou no exterior, mesmo quando absolvido pela Justiça Militar (Auditoria da Marinha) no aludido processo. Esteve no CHILE, ARGENTINA, PERU nos três últimos anos.

FERREIRA GULLAR é considerado um de nossos melhores poetas, com vários livros e trabalhos literários, gozando de conceito nos círculos intelectuais. É um dos fundadores do "Grupo Opinião", facção teatral do PCB no RIO DE JANEIRO, ligado a DIAS GOMES, MARIO LAGO, ODUVALDO VIANA FILHO, PAULO PONTES, e a outros elementos de esquerda do teatro. É Colaborador de "O Pasquim", de "Opinião" e outros periódicos. Na imprensa trabalhou no "Diário de Notícias" e pertence há anos ao quadro de redatores do "O Estado de São Paulo", empresa que o manteve todos esses anos, inclusive pagando salário mensal à família do nominado.

Fez cursos na URSS, sendo um dos militantes de PCB, em trânsito no movimento comunista latinoamericano. Foi tirado pelo PC Argentino do CHILE e depois mandado pelo Partido para o PERU e ali, devido a problemas do PC, voltou para BUENOS AIRES.

* * *

CONFIDENCIAL

O dossiê do governo militar comprova que todos os passos dados pelo poeta eram acompanhados de perto pelo SNI. [ARQUIVO NACIONAL] limitava a um número restrito de militares, não contava com o apoio de nenhum outro setor militar e que a situação no país inteiro era de tranquilidade. Dizia também que já estavam sendo tomadas medidas para sufocar o foco rebelde. Duas horas depois, um contingente motorizado aproximava-se do La Moneda para garantir o poder constituído. No carro blindado que liderava esse contingente vinha de pé o general Augusto Pinochet. Ele foi ovacionado pelos populares que estavam ali solidários a Allende.

A tentativa de golpe, ainda que frustrada, era preocupante. Convocou-se uma reunião do partido para avaliar a situação. A conclusão, otimista, foi de que se tratava de uma manifestação radical, isolada, da extrema direita militar. Podia-se até mesmo considerar positiva aquela tentativa de golpe frustrada, pois fizera abortar um processo golpista que, com isso, tornava-se inviável.

— Não pode ter sido o primeiro sinal de um processo que começa? – arrisquei.

— Não acredito – disse alguém. – A ação do general Pinochet mostrou que o Exército chileno é legalista e profissional. Não se envolve em disputas ideológicas.

Era uma tese tranquilizadora. Talvez boa demais para ser verdade. Alguma coisa dentro de mim teimava em não acreditar que um exército latino-americano apoiasse um governo confessadamente marxista, como o de Allende.

57

A tese de que a maioria das Forças Armadas não participava da conspiração para derrubar Allende parecia-me correta. Se não fosse assim, não se poderia explicar por que, em vez de aderir ao surto golpista, elas se uniram em torno do presidente e o sufocaram. Mas é certo também que o propósito golpista não se limitava ao pequeno regimento que se sublevara: a verdade é que, até aquele momento, a correlação de forças não era favorável ao golpe. E isso compreenderam os golpistas, tanto que a partir daí tudo fizeram para agravar as incompatibilidades entre o presidente e os militares. Dentro desse plano, estava o assassinato do *edecán naval* (ajudante de ordens) da Presidência da República que, por acaso, morava a poucas quadras do nosso prédio.

Subitamente, ouvi um estouro e a luz apagou. Corri à janela de onde vinha o barulho de água se derramando. Um tiro havia estourado o transformador de energia preso a um poste em frente. Todo o bairro estava às escuras. Em seguida, ouvi um baque forte, como se dois carros houvessem colidido. Desci. Na esquina da rua lateral ao prédio, estavam dois automóveis amassados e pessoas discutindo. Logo surgiu um grupo de homens armados com porretes que entrou por aquela rua, gritando e batendo nos postes. Não entendi o que ocorria. Segui a uma certa distância aquele grupo de arruaceiros e vi que se detiveram diante de uma casa de muro baixo e jardim na frente. Ali, começaram a gritar insultos e atirar pedras contra as vidraças da casa até que um homem surgiu na varanda. Neste momento, ouviu-se um tiro e ele caiu. Imediatamente, os arruaceiros pararam de gritar e sumiram correndo pela primeira esquina. O ajudante de ordens do presidente acabara de ser morto.

Era uma advertência aos militares que serviam a Allende.

58

O próximo alvo seria o general Pratts, ministro do Exército, homem de total confiança do presidente da República. Também desta vez, montou-se um incidente de rua com o objetivo de gerar um tumulto e facilitar o atentado.

Ia o general em seu carro oficial por uma movimentada avenida de Santiago quando um carro emparelhou com o seu. Era dirigido por uma mulher que à primeira vista, pelo corte de cabelos e a roupa que usava, parecia um homem. Ela começa a insultar o general que a princípio não lhe deu ouvidos; mas ela insiste em insultos cada vez mais grosseiros e ofensivos. Ele então manda o motorista "fechar" o carro do agressor e desce. Neste instante, seu automóvel é bloqueado por dois outros e a mulher avança para agredir o ministro, que saca do revólver. Dos outros dois carros surgem homens que cercam o general. É neste momento que um chofer de táxi puxa-o para o seu carro e sai com ele em disparada.

— Eles iam matá-lo, general – diz-lhe o motorista. – Vi quando um deles sacou da arma... Para onde sua excelência deseja ir?

— Para o Ministério do Exército.

Esse incidente foi divulgado com espalhafato pela grande imprensa – toda ela contra Allende – ridicularizando o ministro e afirmando que ele tentara agredir uma senhora.

No dia seguinte, um grupo de mulheres de oficiais do Exército se reuniu em frente à casa de Pratts, numa manifestação de desagravo. Elas o acusavam de traidor e agressor de mulheres. Quando ele saiu no carro, jogaram punhados de moedas contra ele e o chamaram de vendido.

A ação dessas mulheres serviu de pretexto a um manifesto assinado por dezenas de oficiais exigindo a saída de Pratts do Ministério do Exército, o último apoio importante de Allende no âmbito das Forças Armadas. O presidente resistiu o quanto pôde mas teve que se dobrar às pressões a que se juntara agora a oficialidade da Marinha e da Força Aérea. Exonerado Pratts, todos os generais que, conforme o regimento do Exército, podiam substituí-lo pediram passagem para a reserva, obrigando Allende a nomear Augusto Pinochet. O golpe estava montado, só faltava desfechá-lo.

59

Acordei por volta das oito horas. Pela janela entrava a luz leitosa e fria do fim do inverno. Lembrei-me de que não havia leite em casa e se não me apressasse certamente não conseguiria comprá-lo. Saltei da cama, lavei o rosto, pus duas garrafas vazias numa sacola e desci para a rua mas vi que o leiteiro da esquina próxima mais uma vez não estava lá. Transpus o pavilhão menor onde funcionava a agência do correio, decidido a conseguir leite, pois era o leite que me supria a falta de outros alimentos. Divisei um leiteiro do outro lado da avenida Providência e para lá me dirigi célere, já que outras pessoas convergiam para o mesmo ponto. Comprei apenas um litro, pois ele não vendia mais de um por pessoa. Foi então que vi um homem descer de um táxi e falar alguma coisa a um outro que ia passando. Este teve uma reação de espanto e saiu andando rápido. Imaginei o que seria e, quase correndo, tomei um atalho entre os canteiros para alcançá-lo.

— Desculpe, mas o senhor soube de alguma coisa?
— O golpe está em marcha. Cercaram La Moneda.

Corri para meu prédio, subi a escada saltando os degraus, entrei no apartamento, joguei para um lado a sacola com o leite e liguei o rádio. Um locutor lia uma nota que logo identifiquei como sendo o anúncio do golpe. Afirmava que Allende levara o país ao caos econômico e social e que as Forças Armadas não podiam ficar indiferentes a isso. Por essa razão exigiam a renúncia do presidente de República a fim de reconduzirem o país à normalidade democrática. A nota era assinada pelos três ministros militares e pelo comandante dos carabineiros.

Embora esperasse o golpe a qualquer momento, fiquei em estado de choque. Busquei no dial a rádio Portales, emissora do governo. Logo reconheci a voz de Allende que, em tom grave, dizia: "Continuo à frente do governo e prometo ao povo chileno que não entregarei o poder a chefes militares insubordinados que pretendem submeter a nação pela força." Mas a emissora saiu do ar de repente. Movi outra vez o ponteiro e, minutos depois, voltei a ouvir a voz de Allende na emissora do Partido Comunista. Ele afirmava que resistiria de todas as maneiras, disposto a deixar um exemplo aos povos latino-americanos: o exemplo de um presidente que defendeu com a vida o mandato que o povo lhe delegara. Mas de novo o discurso do presidente foi interrompido pelo bombardeio dos transmissores.

Apossou-se de mim um sentimento de derrota. De qualquer modo, tratei de seguir a decisão do partido, tomada na noite anterior: no caso de golpe, devíamos nos organizar em grupos de cinco pessoas e esperar a orientação do partido chileno. Pus numa sacola escova e pasta de dentes, um livro e um exemplar de *El Mercurio*, que era contra Allende, para despistar; meus poucos dólares, meti-os nos sapatos e os calcei. Saí para a rua. Dirigia-me à casa de Sérgio Morais e Zelda, que moravam na Vila Olímpica, bem longe de meu bairro. Era o combinado. Ao dobrar a primeira esquina me deparo com uma fila numa banca de jornais: cigarros!, deduzi. Fui até lá e entrei na fila, pois não dava para enfrentar um golpe militar sem cigarros. Quando chegou minha vez, porém, o homem informou: *se acabó!* Segui em frente. Aquele não era o meu dia de sorte.

60

Zelda acabara de chegar da redação de *El Siglo*, o jornal do PC chileno, onde trabalhava. De fato, nem entrara na redação, que já havia sido tomada pelos carabineiros após rápido tiroteio. Sérgio tinha ido para a usina onde trabalhava e onde, havia poucos dias, os militares haviam apreendido armas e munições. Ela estava assustada com a situação e preocupada com o marido.

O rádio transmitia a cada momento boletins da junta militar, determinando a prisão de líderes políticos e sindicais, de intelectuais, deputados e ministros do governo deposto. Um desses boletins pedia à população que denunciasse a presença na sua vizinhança de qualquer pessoa que não morasse ali; outro determinava que os estrangeiros com visto vencido se apresentassem imediatamente à delegacia de polícia mais próxima. Zelda entrou em pânico: estava em situação irregular no país, não possuía visto de permanência, teria que se apresentar. "Não se apresente", disse-lhe eu. "Para todos os efeitos você não ouviu o boletim."

A situação era confusa e não havia como obter informações que não fossem as divulgadas pelos militares. Por telefone chegou-nos a notícia de que Allende estava em La Moneda protegido por uma milícia civil organizada pela juventude socialista. Mas logo em seguida o rádio informava que o palácio presidencial estava sendo bombardeado pela força aérea e que Allende se encontrava ali, isolado, sem alternativa.

De repente, ouvimos tiros na rua e com cautela espiamos pela janela. Alguns soldados atiravam na direção de uma fábrica situada a uma quadra dali. Da fábrica, respondiam com tiros. Entre os dois contendores havia um terreno baldio onde alguns garotos jogavam futebol, aparentemente indiferentes ao que ocorria no país. Apenas tomavam conhecimento do conflito quando, ao ouvir os tiros, se deitavam no chão, mas, assim que o tiroteio cessava, voltavam a jogar.

No começo da tarde, Sérgio ligou da fábrica. Haviam recebido um ultimato para desocupá-la, mas a opinião dos trabalhadores estava dividida. Iam realizar uma nova assembleia para decidir. Ele teria de ficar lá até a decisão.

Zelda, nervosa, me chamou ao quarto onde havia uma pilha de documentos do partido brasileiro e do partido chileno, além de impressos e panfletos. Tratamos de dar fim naquilo, rasgando folha por folha e pondo-as num saco que ela jogou na caixa de lixo do edifício.

— Agora temos que nos livrar disto – disse-me mostrando-me um revólver.

Fiquei preocupado. No clima de paranoia que se criara em torno dos brasileiros (um dos boletins militares pedia que os moradores denunciassem a presença de brasileiros pois eram todos terroristas) ser surpreendido com um revólver teria consequências imprevisíveis.

— O que você acha de eu ir com o revólver pra rua e jogar em qualquer lugar?

— É muito arriscado.

— Se ficarmos com ele aqui os milicos vão encontrá-lo.

Saí andando pelo apartamento à procura de um lugar onde ocultar o revólver. Ao entrar no banheiro vi que, ao lado da banheira, havia uma placa de metal parafusada. Utilizei uma faca para abri-la: embaixo da banheira havia terra, que empurrei para o lado oposto ao da abertura e lá enterrei o revólver. Depois, recoloquei a placa.

— Só quando demolirem o edifício esse revólver será encontrado – brinquei.

Neste momento, o rádio anunciou a transmissão de um novo boletim militar: segundo ele, as Forças Armadas haviam ocupado o Palácio La Moneda e o presidente Allende se suicidara.

— Eles mataram Allende! – exclamou Zelda, quase chorando.

Era o golpe de misericórdia em qualquer esperança de reverter a situação.

— É claro, ele foi assassinado – falei.

61

Sérgio chegou no fim da tarde, derrotado, exausto, contando-nos as peripécias por que passara antes de chegar em casa.

— Um avião metralhava uma fábrica. Deu um rasante e quase os tiros me pegam.

Comemos alguma coisa e tarde da noite fomos dormir. Decidi que, na manhã seguinte, voltaria para meu apartamento. Evitaria assim ser denunciado por algum vizinho.

Meu percurso até o bairro da Providência foi feito por ruas enfeitadas de bandeiras nacionais e faixas saudando o golpe militar, o que me causou certo desapontamento, fazendo-me sentir mais derrotado do que já estava. A porta de meu edifício, encontrei-a fechada e guardada por um jovem com a insígnia de Patria y Libertad no braço; uma insígnia que lembrava a cruz gamada nazista. Perguntou-me o que eu desejava, respondi-lhe que morava ali. Um homem que veio de dentro do prédio fez sinal de que eu podia entrar.

Minha maior preocupação era limpar o apartamento dos documentos que o antigo morador e seus sucessivos hóspedes haviam acumulado nele. Mas ao ver a dimensão da tarefa quase desanimei. Além das pilhas de papel mimeografado, havia os livros marxistas (Lênin, Marx, Engels, Stalin) editados em espanhol pela Editora Progresso, da URSS. Encadernados, era quase impossível rasgá-los. "Os soviéticos vivem no mundo da lua", reclamei. "Não percebem que um dia seremos obrigados a rasgar esses livros?"

Gastei horas para estraçalhar toda aquela literatura subversiva e embrulhá-la em papel de jornal. Agora era atirá-la no depósito de lixo do corredor. Abri a porta cautelosamente, espiei, não vinha ninguém. Peguei os dois primeiros embrulhos e saí com eles em direção à lixeira. Nada feito: a lixeira estava fechada por um lacre, onde se lia: "Proibido depositar lixo."

Só há um jeito, pensei, *é botar tudo na latrina e puxar a descarga*. Por que não pensara nisso antes? Fui para o banheiro e dei início a essa operação. Não demorou para que o vaso entupisse, a água subisse e ameaçasse derramar. Desisti. E agora? Como ia me livrar daquilo?

A nova ideia que me ocorreu foi queimar tudo na banheira e jogar as cinzas na latrina; evitaria o entupimento. Assim pensei e assim fiz. Acendi primeiro uma tocha feita de jornal e passei a queimar os livros rasgados. A fumaceira que se formou me fez imediatamente apagar o fogo, do contrário em poucos minutos bateria gente em meu apartamento quanto mais não fosse para apagar um incêndio.

Dei por esgotada a minha inventividade. Parecia impossível livrar-me daqueles malditos papéis. E ainda havia a coleção de *El Siglo* que não pretendia destruir por ser um repositório de informações preciosas sobre tudo o que se passara no Chile nos últimos meses. Foi quando me acendeu uma luz: faço um embrulho e o despacho pelo correio para o meu amigo Guanini em Buenos Aires. Ponho um remetente suposto. O grande risco é eles abrirem o embrulho na hora que eu for despachá-lo.

Decidi correr o risco. Na manhã seguinte, estava eu na agência do correio com o meu pacote de jornais subversivos. Confiava em que os funcionários eram os mesmos que Allende nomeara, uma vez que os milicos ainda não tinham tido tempo de substituí-los. Despachei o embrulho sem problemas.

Se vai ou não chegar ao destinatário, não interessa, pensei; *o que importa é que de minhas mãos já saiu.* E vi que podia fazer o mesmo com os livros rasgados. Assim, paulatinamente, hoje um pacote, amanhã outro, os despachei para destinatários inexistentes nos mais diversos países.

62

O golpe – que começou às seis da manhã numa base da Marinha em Valparaíso – já às duas da tarde estava consumado. A ilusão de que os trabalhadores, quando conscientes e organizados, são capazes de deter um golpe militar, se desfez como fumaça. A resistência que houve foi insignificante para um país onde setenta por cento da classe operária, sindicalizada e atuante, era socialista e comunista. Na verdade, a derrubada de Allende iniciou-se meses antes, quando o Exército deu as primeiras buscas nas fábricas para desarmar os operários. Desfechado o golpe, os militares puseram em prática o seu plano de ação: ocuparam as centrais elétricas e telefônicas, os serviços de abastecimento de água e as estações de rádio e televisão. Assim, puderam cortar o fornecimento de água e energia das fábricas que tentaram resistir, ao mesmo tempo que, com os meios de comunicação nas mãos, manipularam a opinião pública.

Antes que o dia acabasse, os caminhoneiros tinham suspendido a greve e os ônibus passaram a circular. A população respirou aliviada porque a ameaça de guerra civil se desfizera e nas prateleiras dos supermercados reapareciam muitos dos artigos de primeira necessidade que haviam sumido. Minha cozinheira, que morava numa *población* rebelde e votara na Unidade Popular, admitiu: "Pena que Allende tenha morrido, mas agora estou menos assustada."

Tratei de entrar em contato com os amigos cujo destino ignorava. Na casa de alguns, ninguém atendia ao telefone; na de Jorge, a empregada me informou que ele viajara. "Mas as fronteiras estão fechadas", aleguei, e ela desligou. Mais tarde, o telefone tocou, era ele, que me chamava da embaixada do México. "Vem pra cá. A gente monta um esquema pra você entrar." Respondi que não pretendia me exilar. "Está maluco? Se você fica aí, eles te matam." Não mudei de opinião. Ir para uma embaixada era admitir culpa e, pior, ficar submetido às decisões do embaixador ou de um governo estrangeiro. De fato, não tivera atuação política destacada no pouco tempo que estava no Chile. O que eles podiam alegar contra mim?

Fiorani e Beatriz, ele italiano, ela brasileira, moravam em Las Condes, numa pequena casa com jardim. Tínhamos nos conhecido no Brasil, onde ele vivera muitos anos antes de se transferir para o Chile, cujo regime lhe parecia mais propício a sua carreira de cineasta de esquerda. Quase toda semana, reunia um grupo de brasileiros para conversar, beber vinho e cantar samba. Não sabia se ia encontrá-los, mas tinha necessidade de romper meu isolamento.

Toquei o interfone, Beatriz atendeu, deu um grito e a ligação se interrompeu. Daí a segundos ela surgiu no jardim, correndo em minha direção, de braços abertos.

— Você tá vivo! Você tá vivo!

Abraçou-me chorando. Fiorani veio lá de dentro e igualmente emocionado me acariciou os cabelos.

— Você nem sabe, cara! Passamos a noite chorando e ouvindo aquela fita com você cantando o samba do Salgueiro.

— Não tou entendendo nada. Chorando por quê?

— Nos disseram que você tinha sido fuzilado na rua. Foi uma amiga, que mora em frente a teu prédio em Providência.

De fato tinha havido um tiroteio em frente ao meu prédio, mas nem tive maiores informações sobre o ocorrido.

Em meio ao desolamento geral, a minha falsa morte serviu para nos alegrar. Fiorani abriu uma garrafa de vinho.

— Não podemos deixar cair a peteca. Não é assim que dizem os cariocas?

— Um brinde à vida! – falou Beatriz batendo seu copo no meu.

Fiorani trabalhava na Chile Filme, empresa estatal de cinema, que durante os três anos do governo Allende não conseguiu realizar uma só película. "Cada roteiro proposto era discutido e rediscutido infinitamente. Quando os comunistas aprovavam, os socialistas discordavam, ou vice-versa", lamentou Fiorani. "Uma perda de tempo."

Perguntei se tinha notícia de Sérgio. Disse-me que telefonara para a casa dele, mas ninguém atendeu. Eu tinha feito o mesmo. "Certamente o levaram para o Estádio Nacional, como fizeram com tantos outros", disse.

De volta ao apartamento, encontro com Claridad, próximo à entrada do prédio. Ela usava óculos escuros e lenço na cabeça. Ao me ver chegar, se aproximou, precisava falar comigo.

— Te espero lá em cima – disse-lhe.

Claridad havia sido levada para o Estádio Nacional. Fora presa no apartamento do namorado, que era guatemalteco e ligado ao MIR.

— Estão fuzilando as pessoas de noite – afirmou ela.

— Por que te soltaram?

— Um oficial se engraçou comigo. Por isso teve boa vontade para me ouvir e acreditou no que falei. Realmente nunca tive atuação política.

— Viu algum amigo nosso lá?

— Não... Mas vim para te avisar de uma coisa.

— O quê?

— Disse ao oficial que moro em teu apartamento. Dei o teu endereço.

— Mas por quê? – perguntei. – Eles vão bater aqui!

— Me perdoa. Não podia dizer que morava com o guatemalteco, porque o cara era terrorista.

Na semana seguinte voltei à casa de Fiorani. Ele ficara de me pagar as ligações telefônicas internacionais que fizera em meu telefone, de que se serviam também outros brasileiros. Como todos haviam sumido a conta ficara pra eu pagar.

Encontrei aberta a porta do jardim e por isso fui entrando, mas tive uma surpresa: a casa estava praticamente vazia, sem os móveis e os quadros. Não me tinha ainda refeito da surpresa, quando apareceu a empregada para me informar que Fiorani e Beatriz tinham ido embora.

— Quando?

— Esta madrugada. Ouviram no rádio que as fronteiras tinham sido abertas e começaram logo a pôr na caminhonete tudo o que puderam.

Pedi licença para ir ao banheiro. Estava chocado com a ausência inesperada de meus amigos. Na verdade, sentia-me agora mais só e desamparado num mundo que virara de cabeça para baixo. Pensava essas coisas quando ouvi vozes e bater de metais. Uma voz de homem se destacou perguntando pelos moradores. Intuí que a casa tinha sido invadida por militares. Tratei de sair do banheiro o mais depressa possível para não dar a impressão de que estivesse me escondendo.

— Mora na casa? – indagou o jovem oficial ao me ver.

— Não, senhor.

— O que faz aqui? É amigo do senhor Fiorani?

— Vim cobrar um dinheiro que ele me deve.

— Então o senhor está a par das atividades do senhor Fiorani no Chile.

— Não estou a par de nada.

— Veja aqui – disse o oficial mostrando-me um pequeno mapa mimeografado indicando a rua e a casa de Fiorani. – Isto foi encontrado na gaveta dele na Chile Filme. Faz parte do plano terrorista.

Vi logo o que era o "mapa". Fiorani, a exemplo do que faziam no Rio as pessoas que moravam em lugares de acesso complicado, desenhara aquilo para facilitar a ida dos amigos a sua casa. Mas eu não podia dar tais explicações ao militar, sob pena de complicar a minha própria situação.

— Mal o conheço. Vim apenas cobrar uma dívida. Mas tive a surpresa de só encontrar a empregada.

— O senhor é brasileiro, não é?

— Sou.

— Mostre-me seus documentos.

Entreguei-lhe minha carteira de identidade.

— Meu passaporte está no Ministério das Relações Exteriores – expliquei-lhe.

Ele examinou a carteira de identidade, conferiu o retrato.

— Pode ir – disse devolvendo-me o documento.

Saí – como dizem os gaiatos – nem tão depressa que parecesse estar com medo e nem tão devagar que parecesse provocação.

63

A abertura das fronteiras me estimulou a tomar as providências necessárias para também ir embora. A primeira delas era reaver meu passaporte. Sucede que ele fazia parte do processo em que eu solicitara o visto de permanência no país, e para consegui-lo havia juntado uma carta da revista *Chile Hoy*, cujos diretores e redatores tiveram sua prisão decretada pelo governo militar. Seria uma temeridade me apresentar, nessas condições, às autoridades do novo governo. Talvez fosse melhor deixar a poeira assentar.

A poeira não assentava. Ao sair do apartamento descubro que minha porta tinha sido pichada: ao lado de uma cruz gamada, escreveram "Fora, terrorista!" Tratei imediatamente de apagar a pichação, e colei na porta um pedaço de cartolina onde escrevi: "José Ribamar Ferreira/ Corresponsal extranjero/ Colegio de Periodistas de Chile, inscrição n. 675417."

No mesmo dia, à noite, atendo o telefone: *"Todavia estás aí, comunista hijo de puta!"* Nada respondi. *"Vamos quemar esse apartamiento de mierda, escuchaste? Vamos acabar contigo!"*

Repus o fone no gancho. Talvez fosse melhor ter ido para uma embaixada, como os outros. Mas àquela altura já não seria possível, porque as embaixadas estavam agora cercadas por carabineiros armados. Bem, disse para mim mesmo, o que não tem remédio remediado está.

Dormi assustado. As seis da manhã acordei com o soar da campainha da porta. Quem podia ser? O toque de recolher começava às seis da tarde e terminava às oito horas do dia seguinte. Para bater em minha casa àquela hora só podia ser a polícia. Desci a escada sonolento e abri a porta: era a polícia.

Quatro homens armados de fuzil avançaram sobre mim, encurralando-me contra a parede. Um deles me revistou enquanto os outros percorriam a casa, vasculhando os aposentos.

— Qual é o seu nome?
— José Ribamar Ferreira.
— O que faz no Chile?
— Sou correspondente estrangeiro.
— Correspondente? Sei! E pra qual jornal escreve?
— *O Estado de S.Paulo*.
— Deve ser um pasquim subversivo.
— Não, senhor. É o mais importante jornal conservador do Brasil.
— Seus documentos.

Entreguei-lhe a carteira do Colégio de Periodistas de Chile.

— Esta carteira deve ser falsa.
— Não é falsa, não, senhor.
— Quer me convencer que pertence ao Colégio de Periodistas? Lá não aceitam terroristas.
— Não sou terrorista. A carteira é autêntica.
— Vou telefonar pra lá.
— Pois telefone.

Estranhou que minhas malas estivessem prontas.

— Estava prestes a fugir, não?
— Não tenho de que fugir. Vou retornar ao meu país porque minha missão aqui terminou. É impossível exercer o jornalismo nas condições atuais do Chile.

Eles abriram minhas malas e examinaram cada peça de roupa, cada embrulho, cada livro. Quando se voltaram para o guarda-roupas, fiquei apavorado: ali no bolso de um paletó estava o documento falso que usara em São Paulo. Se eles o encontrassem... Mas o homem deu apenas uma olhada e fechou o armário.

Ficaram ali até as oito e pouco, quando o policial que comandava a operação ligou para o Colégio de Periodistas.

— É – disse-me ele – o documento é verdadeiro. É muito esperto, mas nós vamos voltar e vamos pegar você!

Quando se foram, invadiu-me uma sensação de alívio, como se tivesse escapado deles para sempre. E comecei a refazer minhas malas, com a pressa de quem vai embarcar dentro de algumas horas.

— Comigo o buraco é mais embaixo! – garganteei. – Vou botar na bunda de vocês, seus panacas, seus fascistas de bosta!

A verdade é que eles voltaram. Não aqueles mesmos policiais. Desta vez chegaram à noite e de novo implicaram com minhas malas prontas.

— Por favor – disse eu já menos assustado –, não desfaçam de novo minhas malas. Os colegas de vocês já reviraram tudo.

O sujeito que passou a me interrogar queria saber de José Serra, que havia morado naquele apartamento. Menti que não conhecia ninguém com aquele nome. Repetiu as mesmas perguntas do outro e no final me entregou um papel assinado por ele.

— Apresente isto na Extranjería. Eles lhe darão um salvo-conduto para o senhor ir embora. Queremos todos os comunistas fora do Chile quanto antes!

Entrei escabreado na Extranjería, temendo sair preso dali. Se encontrassem no processo a carta de *Chile Hoy*, eu estaria frito. Mostrei o papel do policial a um funcionário, que me mandou para o balcão em frente. A mesma moça que me atendera meses atrás, atendeu-me agora. Por seu olhar vi que ela me havia reconhecido e estremeci. Teria mudado de lado? Ia me denunciar? Fiquei vigiando-a: ela se dirigiu a um arquivo no fundo da sala, tirou de lá uma pasta e a folheou. Em seguida, sumiu por uma porta, demorou alguns minutos e veio andando na minha direção.

— É o senhor José Ribamar Ferreira?
— Sim.
— Aguarde um instante que vou redigir o salvo-conduto.

Esperei quinze minutos que pareceram horas. Num quadro na parede, atrás da mesa ocupada por um sujeito com cara de bandido, li a palavra *"arrestar"* (prender), seguida de uma série de nomes com indicação das nacionalidades – fulano, brasileiro; beltrano, argentino; sicrano, uruguaio. Felizmente, meu nome não constava da lista. Ao entregar-me o salvo-conduto, a moça me disse que o apresentasse na companhia aérea em que desejava viajar.

— E meu passaporte?
— Quando o senhor voltar com a passagem comprada, receberá o passaporte.

Só que, para comprar a passagem, teria que vender os móveis da casa, o que era uma operação complicada, pois os vizinhos denunciavam à polícia qualquer indício de fuga. E eu morava num prédio controlado pelos fanáticos de Patria y Libertad.

64

De longe vi que alguma coisa acontecia em frente a meu prédio. Havia pessoas aglomeradas junto à porta de entrada e, no meio delas, alguns soldados. Preocupado, tomei um desvio para me aproximar sem que me vissem, protegido pelos arbustos de um canteiro. Dali, pude observar uma caminhonete do Exército com soldados. Em seguida, a aglomeração se abriu para dar passagem a um homem algemado, trazido por dois soldados. Era um dos brasileiros que moravam ali. Tratei de me afastar rapidamente.

Caminhei até um pequeno bar na avenida Providência, disposto a dar um tempo antes de voltar ao prédio. Tinha que saber o que estava ocorrendo. Tanto podiam ter iniciado a ofensiva contra os brasileiros cujo endereço conheciam, como ter ido ali em função de alguma denúncia, uma vez que o prédio estava infestado de gente contrária aos comunistas. Embora não pudesse me excluir inteiramente de qualquer dessas hipóteses, considerei que dificilmente saberiam meu endereço e que a possibilidade de uma denúncia contra mim era remota, uma vez que me comportara com discrição o tempo todo. Restava uma hipótese porém: a de que agissem assessorados pela polícia brasileira... e aí minha mente entrou em colapso. Tudo era possível.

No bar encontrei Javier, carteiro que entregava a correspondência no bairro e para quem eu era apenas um jornalista brasileiro trabalhando no Chile. Disse-lhe que ia voltar para o

Brasil e queria vender as coisas que tinha no apartamento. Ele se mostrou interessado e ficou de me procurar ainda aquela manhã.

Meia hora depois, a situação parecia tranquila. Procurei me inteirar do que tinha acontecido. Além de Antero, buscavam Milena, que não estava em casa. Arrombaram o apartamento dela e saíram de lá com uma caixa que não se sabia o que continha.

— A rádio de Havana noticiou que os serviços de informação do Brasil estão ajudando a polícia chilena a prender os brasileiros exilados aqui – disse-me Serginho.

Mostrei a Javier tudo o que tinha para vender: geladeira, panelas, talheres, pratos, copos, mesa, cadeiras, camas, cobertores, colchas, lençóis etc. Ele se interessou pelos talheres e pela louça e prometeu falar com um amigo que certamente compraria muita coisa, pois ia casar a filha. "Mas tem que ser logo", disse-lhe. E ele me garantiu que naquela tarde mesmo traria o amigo. E trouxe. O amigo de Javier ficou entusiasmado com o que viu, mas achou caro. Fez uma oferta para arrematar tudo e eu aceitei.

— Com uma condição, o senhor me paga adiantado.
— Quando?
— Hoje mesmo, em dinheiro.

Ele topou e naquela noite consumamos o negócio.

— Há um outro ponto – falei-lhe. – Tem que retirar as coisas aos poucos e sem chamar atenção. Do contrário, podem pensar que sou um terrorista fugindo e me denunciam à polícia.

Ele sorriu e concordou. Levaria aquela noite as coisas mais leves e na noite seguinte, o resto.

— Ótimo. Só peço que me deixe um colchão e uma coberta para eu passar a noite. No dia seguinte, você apanha tudo. Vou deixar a chave com o porteiro.

Acordei tenso e saí em busca do brasileiro que me trocava dólares, já que a moeda chilena não valia nada fora do Chile. Trocado o dinheiro, dirige-me à agência da Braniff. Apresentei o salvo-conduto à funcionária que ligou para a Extranjería e obteve a autorização para vender-me a passagem. De posse desta, fui à Extranjería e recebi de volta meu passaporte. *Até aqui está dando certo*, pensei, convencido de que àquela hora a polícia brasileira já havia solicitado à polícia chilena a minha prisão. Era uma corrida contra o tempo.

Mal anoiteceu, chegaram Javier, o amigo e mais dois homens num caminhão pequeno. Enquanto dois deles desmontavam a mesa e os armários, os outros desciam com as outras coisas. Em menos de uma hora o serviço estava concluído.

Fiquei só. Aquela era minha última noite no apartamento. Pensei em ligar para Thereza, mas desisti temendo que o telefone estivesse grampeado. Pus o colchão próximo à janela e me deitei para dormir.

65

O avião sairia à uma e meia da tarde, mas às sete da manhã deixei o apartamento e embarquei num táxi, que contratara na véspera. Levava duas malas e uma bolsa de mão. Senti-me aliviado quando o táxi se afastou dali e tomou a estrada do aeroporto. *Está cada vez mais difícil eles me pegarem*, pensei, com os olhos na paisagem que fugia rapidamente fora do carro. Era bom sentir no rosto a brisa fresca da manhã, já que dentro de mim só havia uma enorme tristeza. Tinha a sensação de escapar de um pesadelo, de um desastre que reduzira o meu mundo a ruínas.

Na estrada, a meio caminho do aeroporto, os militares haviam instalado um posto de inspeção. Ali, verificaram meus documentos e retiraram do carro a bagagem, avisando-me que a receberia de volta na hora do embarque.

O aeroporto estava policiado por soldados com farda de campanha e metralhadoras em punho. Fui à lanchonete e pedi café e sanduíche. Um oficial jovem parou a certa distância e ficou me observando. Fingi que não o percebia. O relógio marcava oito horas. Teria ainda cinco horas de suspense até tomar o avião. Comprei um jornal e me sentei para lê-lo. Perón tomaria posse no governo argentino dentro de alguns dias. O noticiário sobre o Chile anunciando os feitos do novo governo me dava náuseas. Cada vez que o alto-falante chamava por alguém eu sentia um sobressalto. "Senhor Fulano de Tal, solicita-se comparecer à comissária do aeroporto." Esperava a qualquer momento ouvir meu nome mencionado. Um policial pediria meu passaporte e me daria ordem de prisão.

O tempo não passava. Ia e vinha de uma ponta a outra do aeroporto em passos lentos para gastar o tempo. Sentei-me de novo e tentei refletir sobre o que acontecera no Chile, mas o pensamento não obedecia, voltado exclusivamente para o presente: tinha que sair daquele maldito país antes que fosse tarde demais.

Percebi que o oficial voltara a me observar e virei o rosto para o outro lado. Quando dei por mim, ele estava parado à minha frente.

— O que faz aqui? – indagou ele.

Correu-me um frio pela espinha.

— Vou viajar.

— A que horas?

— Às treze e trinta.

— Mas o senhor chegou aqui às oito horas. Por quê?

— Me equivoquei de horário.

Ele pareceu não acreditar.

— Quero ver seus documentos.

Entreguei-lhe o passaporte. Ele abriu, examinou.

— A passagem.

Entreguei-lhe a passagem, ele conferiu o nome.

— Tem salvo-conduto?

— Aqui está – disse eu, entregando-lhe o papel.

Passou a vista.

— Está bem – disse ele, devolvendo-me tudo.

Ao meio-dia a Braniff começou a atender os passageiros do meu voo. A bagagem me foi entregue, despachei-a, recebi o cartão de embarque. Não me movi mais do banco até ouvir a chamada do voo.

"Pasajeros de Braniff con destino a Buenos Aires, favor dirijirse al embarco."

Fingindo tranquilidade caminhei para o portão indicado. Mal podia acreditar que estava mesmo deixando o inferno. Transposto o portão, vi que havia um sujeito sentado a uma pequena mesa conferindo os cartões de embarque e os documentos dos passageiros.

— Tem algum documento chileno com o senhor?

— Apenas este – disse, mostrando-lhe a carteira do Colégio de Periodistas de Chile.

— Terá que deixá-lo.

— Mas é um documento profissional. Preciso dele – disse eu, não sei por que razão, já que aquele documento não me serviria para nada fora do Chile.

— Está bem, pode levar.

Saí andando apressado em direção ao avião mas em seguida ouvi que o homem da mesa chamava alguém. Não olhei.

— É com o senhor – disse um rapaz que caminhava ao meu lado.

Voltei-me, fiz um gesto indagativo e o homem confirmou que era comigo mesmo. Meu coração disparou. Caminhei até ele.

— Está faltando a parte destacável de seu cartão de embarque.

Verifiquei meu cartão, estava sem a parte destacável.

— Não sei onde está – disse.

— Então não pode embarcar.

— Como?! Mas foi o senhor quem destacou.

— Não pode embarcar!

Olhei para o chão: o pedaço do cartão estava lá. Juntei-o e o atirei ostensivamente sobre a mesa.

Fui o último a entrar. Busquei uma poltrona qualquer e me joguei nela, exaurido. Depois de algum tempo o avião se moveu em direção à pista de decolagem. De repente parou e ouviu-se a voz do comissário de bordo: "Senhores passageiros, nossa decolagem será adiada por vinte minutos. Temos um problema no sistema elétrico." "O acaso ou o diabo resolveu me sacanear", murmurei, furioso.

Não esperamos vinte minutos, nem mesmo dez. O avião alcançou a cabeceira da pista, acelerou ao máximo as turbinas e iniciou a decolagem. Fiquei atento até sentir que suas rodas deixavam o solo chileno. Agora, eu estava em pleno ar, fora do alcance do inimigo. E, à medida que o avião subiu, fui mansamente afundando no sono.

QUARTA PARTE

66

Em Buenos Aires, hospedei-me no mesmo hotel da calle San Martín. Larguei as malas para um lado, pus no gravador uma fita com os noturnos e me deitei na cama. A música de Chopin, com sua suave beleza, era naquele momento a única paz possível em minha vida.

Mais tranquilo, liguei para minha casa no Rio. Thereza se emocionou ao ouvir minha voz. "Consegui. Tou fora do inferno", falei. No Rio também havia corrido o boato de minha morte. Uma emissora de rádio chegou a dar a notícia, ainda que com reservas. "Então liga pra São Luís e tranquiliza mamãe", pedi. O telefonema tinha que ser rápido, que meu dinheiro era curto. Thereza viria ao meu encontro o mais depressa possível, para decidirmos o que fazer de nossa vida.

Na manhã seguinte, ao acordar, alegrei-me só de pensar que estava longe do pesadelo chileno. Saí a passear por calle Florida, Corrientes, Plaza de Mayo. Andava à toa, fruindo o prazer de caminhar pelas ruas sem sobressalto. Buenos Aires é uma cidade adorável e, naquelas circunstâncias, era para mim o próprio paraíso.

Terminei por encontrar pessoas conhecidas que me informaram da situação dos brasileiros que tinham-se refugiado na embaixada argentina. Estavam num hotel próximo ao aeroporto de Ezeiza, sem permissão para sair. Na verdade, o governo argentino negociava com alguns países a transferência dos exilados, já que os militares chilenos não os queriam tão próximos de suas fronteiras. Essa notícia confirmava meu acerto quando me negara a refugiar-me numa embaixada. Uma das minhas primeiras providências ao chegar a Buenos Aires foi procurar a representação da ONU e entregar uma lista com os nomes dos brasileiros que haviam sido presos pelos militares chilenos. Adverti que essas pessoas corriam risco de vida e solicitei que a ONU interviesse em seu favor.

Para minha alegria, deparei-me em plena Florida com Fiorani e Beatriz. Abraçamo-nos calorosamente e fomos sentar num bar próximo. Contaram-me como escaparam do Chile, sendo parados a cada momento nas estradas por patrulhas militares. Fiorani fez questão de me pagar a dívida dos telefonemas, já que acabara de vender o carro. "Volto para Itália", disse ele. "Não dá mais para viver na América Latina. A cada dia há um golpe militar e nasce uma nova ditadura." Ele tinha razão. A Argentina, que saíra havia pouco de uma ditadura, era uma exceção. Mas a volta ao poder de Juan Domingo Perón – um líder ideologicamente ambíguo, que despertava esperanças e temores, tanto na esquerda quanto na direita – tornava o futuro imprevisível. Essa ambiguidade dividia o próprio peronismo e de tal modo que, durante o comício-monstro com que o receberam em Ezeiza, sindicalistas de esquerda foram enforcados debaixo do palanque onde os de direita saudavam a volta do grande líder. Ele tomaria posse dentro de alguns dias com um discurso inevitavelmente ambíguo, em que saudava tanto a classe trabalhadora quanto a burguesia e vociferava contra um inimigo que ninguém conseguia identificar.

Thereza me trouxe notícia dos filhos e dos amigos. No Brasil, após tantos anos de autoritarismo e repressão, as pessoas entraram em desespero, muitas delas entregando-se à bebida, às drogas ou ao misticismo. Era verdade também que a ditadura se desgastara muito, que o "milagre" econômico começara a fazer água e que as forças contrárias ao regime pareciam se ampliar. Essa era a visão do partido, disse ela, pouco confiante. Eu também, como sobrevivente e testemunha do naufrágio das esquerdas no Chile, não tinha ânimo para ser otimista.

Ao fim de alguns dias de conversas, discussões e ponderações, concluímos que devíamos ir para o Peru, já que essa era a vontade de nossos filhos. Embora não me agradasse deixar Buenos Aires para ir viver em Lima, considerei que era hora de fazer alguma coisa que agradasse a eles. Afinal de contas, também tinham pago um alto preço em consequência de minha opção ideológica.

67

Num começo de noite de outubro de 1973, subi a íngreme escada da pensão Roma, no Jirón de la Unión, em Lima, onde ficaria hospedado. Para lá me levou um jovem brasileiro, Eduardo, que também viera do Chile. Ele foi me receber no aeroporto Jorge Chávez a pedido de Darcy Ribeiro, que vivia em Lima como alto funcionário de uma entidade internacional. "A pensão Roma não é lá essas coisas", advertiu-me Eduardo, "mas é barata."

De fato, a pensão Roma não era lá essas coisas: era muito pior. O quarto onde fiquei fazia parte de uma ampliação feita no terraço do velho sobrado, de modo que, ao sair dele, estava ao ar livre. Como em Lima não chove nunca, isso não tinha importância. Desagradável mesmo era comer sobre toalhas sujas de gordura e esperar meia hora para a água do banho aquecer, sem nunca aquecer o suficiente. O único telefone ficava preso a uma parede atrás das costas do dono da pensão, que passava os dias sentado ali, diante de uma mesa, colando selos num álbum. O telefone era trancado por um cadeado que ele abria, sem pressa, toda vez que alguém queria telefonar. Pagava-se pelo telefonema, mas era impossível evitar que ele ouvisse as conversas.

A fauna da pensão era pitoresca, indo desde o Pablo, funcionário público que resmungava contra as toalhas de mesa sujas, até uma hippie francesa chamada Florence e um intelectual equatoriano, de nome Pérez, sessentão, que andava de muletas e afirmava que a espécie humana teve sua origem no Peru, mais precisamente em Machu Picchu. Preparara uma série de conferências sobre o tema e garantia que a Secretaria de Cultura de Lima ia contratá-lo para proferi-las. A francesa ria das teses de Pérez e duvidava do convite oficial. A discussão entre os dois às vezes terminava em briga, o equatoriano levantava-se da mesa e, apoiado em suas muletas de metal, retirava-se para o quarto. Mas dali a pouco estávamos todos no quarto de Florence, batendo papo e cantando ao som do violão que ela tocava mal.

Minhas tarefas prioritárias nesse começo de vida em Lima eram conseguir visto permanente para poder trabalhar e alugar um apartamento onde pudesse morar com a família. Advertido, por brasileiros que ali residiam, da lerdeza da burocracia peruana, tratei de solicitar o visto imediatamente. Quanto ao apartamento, surgiu uma ideia que me pareceu boa: Eduardo, que namorava Florence, sugeriu que alugássemos o apartamento juntos, dividindo por três as despesas. Teríamos mais conforto, gastaríamos menos com a moradia e também com as refeições, já que poderíamos prepará-las nós mesmos.

Depois de muito procurar, fixamo-nos num apartamento em San Isidro. Tinha apenas dois quartos e não três como queríamos, mas com a vantagem de estar mobiliado. Guy de Almeida, que era funcionário de um organismo internacional, serviu de avalista. Para assinarmos o contrato, ficou faltando apenas um depósito em dinheiro, que propusemos fazer em dólares, já que era fim de semana e os bancos estavam fechados. A proprietária, porém, não aceitou, por ser isso ilegal.

Entregamos-lhe, então, nossos passaportes como garantia do depósito que faríamos na segunda-feira, e o contrato foi firmado. No dia seguinte, sábado, deixamos a pensão Roma, eu e Eduardo, já que Florence na última hora desistiu.

Só à noite, instalados em nosso belo apartamento, nos demos conta da situação real em que nos metêramos. Com a desistência da francesa, o aluguel se dividiria por dois e não mais por três; além disso, como aquele apartamento não cabia minha família, eu teria que mudar-me de lá e alugar outro maior, dentro de um mês. Eduardo arcaria sozinho com o aluguel ou romperia o contrato, sendo neste caso obrigado a pagar multa de trinta por cento sobre seu valor total. Não restava dúvida, havíamos cometido uma insensatez. Tratamos de desocupar o apartamento imediatamente e voltar à pensão Roma. Na segunda-feira, procuramos a proprietária para reavermos nossos passaportes. Ela não entendeu nada.

68

Em meados de dezembro minha família chegou a Lima. Hospedamo-nos todos num hotel e, sem muita dificuldade, alugamos um apartamento espaçoso, dúplex, na avenida del Ejército, no limite de San Isidro.

Nosso dinheiro era curto. Thereza havia vendido quase todos os objetos de arte que possuíamos – quadros, desenhos, gravuras, esculturas – para comprar as passagens e trazer alguma grana com que enfrentarmos as despesas iniciais. Por isso, nós mesmos pintamos o apartamento e improvisamos estantes e armários para as roupas e os livros. Mesa de jantar, cadeiras, poltronas compramos de segunda mão. A televisão também que, para azar nosso, depois de um mês começou a inclinar as imagens até virá-las de cabeça para baixo. Diante disso, sugeri que nos acomodássemos nas poltronas com a cabeça no assento e os pés para o alto... Voltei ao sujeito que me vendera o aparelho e consegui dele uma outra televisão que, sem demora, passou a apresentar estranhas peculiaridades como, por exemplo, mudar o preto em branco e vice-versa. Assim, a transmissão dos jogos da Copa de 1974 foi para nós uma experiência especial: era como se a assistíssemos em negativo.

Logo que cheguei a Lima, Darcy conseguiu que a Secretaria de Cultura me convidasse para fazer uma conferência sobre a poesia brasileira, o que me levou a conhecer o poeta Carlo Germán Belli, funcionário daquela Secretaria. Por indicação sua, dei uma série de aulas sobre poesia e artes plásticas contemporâneas na Universidade. Essas palestras me renderam alguns poucos soles. Minhas aulas devem ter agradado, porque o responsável pela área de letras e artes da universidade sondou-me sobre a possibilidade de trabalhar ali como professor visitante. Cheguei em casa alegre e comuniquei à família que a primeira luz havia se acendido no fim do túnel. Mas, ao saber quanto pagavam aos professores universitários, meu entusiasmo murchou. Comecei a me perguntar se encontraria meios de sustentar a família naquele país.

Por essa época, duas cartas vieram aumentar meu desânimo. A primeira foi do Vianinha, dirigida a Thereza e a mim, despedindo-se de nós e da vida. A outra, de Leo Victor, contendo uma autocrítica impiedosa, que era na verdade um pedido de socorro. Entendi isso e imediatamente escrevi-lhe uma resposta, afirmando que ele estava equivocado, pois era uma das melhores pessoas que conhecia e o amigo mais leal, mais generoso e mais solidário. Tinha pressa de que essa carta chegasse a suas mãos e a enviei para o endereço escrito no verso do envelope que me mandara. Semanas depois recebo a notícia arrasadora: Leo se suicidara com um tiro no ouvido. Logo em seguida, a carta que lhe mandara me chega de volta, devolvida. Ele não a havia recebido. Morrera talvez pensando que eu não tinha dado importância a seu apelo. Tratei de apurar o que ocorrera: o endereço que pusera no verso do envelope era um despiste para enganar a repressão, já que Leo continuava morando no mesmo apartamento onde me dera acolhida. Ainda hoje, a lembrança desse mal-entendido kafkiano me faz sangrar.

69

Naquelas circunstâncias, eu não poderia ter escolhido uma cidade pior do que Lima para viver. Nada nela ajudava. Uma umidade permanente de quase cem por cento me dava a sensação desagradável de estar sempre encharcado. A disparidade de renda e a pobreza do país dividira a sociedade em duas faixas apenas: a dos muito ricos e a dos muito pobres – a classe média desaparecera. Desse modo, fui automaticamente inserido na segunda categoria, o que me obrigava a servir-me de um transporte público desconfortável e degradante, a comer em *chifas*, ou seja, em freges de baixa qualidade, e comprar utensílios de segunda (ou terceira) mão.

Esses fatores acentuavam meu estado de depressão, provocado pelo sofrimento do exílio e agravado pelo desastre chileno: contrário à escolha da via armada para chegar ao poder, eu testemunhara no Chile o fracasso da via pacífica. Que conclusão devia tirar daí? Que não havia como chegarmos ao poder, que a revolução era inviável? Já antes, diante das dificuldades enfrentadas por Allende para fazer avançar o processo socialista, me perguntara se nós, comunistas brasileiros, devíamos continuar a pagar preço tão alto para chegar ao poder, uma vez que chegar a ele não significava resolver logo os problemas do país e sim agravá-los; não significava dar melhores condições de vida ao povo e sim, em vez disso, a curto prazo pelo menos, empurrar a sociedade para uma luta fratricida de resultado imprevisível. Agora, eu conhecia o resultado: a derrota. Se é certo que tais constatações não mudavam minha opinião com respeito ao capitalismo, abalavam minha confiança no caminho que seguia e reduziam o ânimo de que necessitava para fazer frente à adversidade.

Era esse meu estado de espírito quando me reencontrei com a família, já fragilizada pelos problemas decorrentes da longa ausência. Só então entendi por que escolheram viver no Peru: Paulo tornara-se surfista e encontraria ali oportunidade de participar de competições internacionais; Luciana aderira ao misticismo e acreditava que Machu Picchu era o umbigo do mundo; Marquinhos, o mais novo, iria para qualquer lugar. Todos haviam mudado muito, inclusive Thereza que, no desamparo em que ficara, buscara nas escolas de samba e no carnaval a alegria capaz de compensar o sofrimento e as decepções. Já chegou em Lima com uma passagem de volta para, dali a um mês e pouco, retornar ao Rio a fim desfilar no Salgueiro.

Os meses que se seguiram agravaram as tensões entre nós. O Peru tornara-se, com a voga mística do momento, centro de atração de jovens de outros países e campo propício para o consumo de drogas. Marquinhos envolveu-se com um grupo de drogados e sumiu por vários dias, deixando-me desnorteado. Paulo, convivendo com surfistas, não poderia escapar ao uso do LSD e da coca. Um dia voltou para casa falando ininterruptamente e queixando-se de que sua cabeça estava oca.

Outro problema era a obtenção do visto de permanência. O processo não andava. A burocracia peruana era antiquada e complicadíssima. Na repartição onde tramitava meu pedido de visto, cada funcionário tinha diante de si uma penca de carimbos, sendo que, quanto mais carimbos exibisse, mais importância se atribuía. Minha amiga Berta Ribeiro, mulher de Darcy, ao saber dessas dificuldades, sugeriu a ele que intercedesse por mim junto a Carlos Delgado, eminência parda do regime, com quem mantinha ótimas relações. Darcy prometeu, mas esqueceu, o que provocou a intervenção de nosso querido Guy de Almeida. "Será um vexame para nós se você tiver que deixar o Peru por não conseguir um visto de permanência", disse-me ao telefone.

Certa noite, na casa de Darcy, a conversa descambou para a poesia. Ele leu em voz alta um poema de Drummond, em que o poeta lamenta o filho que não teve.

— Esse poema me toca muito – disse ele – porque eu também não consegui gerar um filho. Vou morrer sem deixar semente.

Outro poeta mencionado aquela noite foi Augusto dos Anjos, que Darcy conhecia mal. Quando lhe citei alguns dos melhores versos do poeta, entusiasmou-se e me instou a escrever um ensaio sobre ele. Naquela ocasião, chegava a Lima, de visita, o editor Fernando Gasparian, que Darcy convenceu a publicar o ensaio sobre Augusto dos Anjos, que eu ainda não tinha escrito. Gasparian empolgou-se com a ideia e me adiantou parte dos direitos autorais sobre o texto inexistente. Graças aos dois, portanto, comecei a trabalhar no ensaio que terminaria de escrever em Buenos Aires e foi editado pela Paz & Terra, dois anos depois.

A novela do visto de permanência prosseguia. Certo dia, falei a Cannabrava, jornalista brasileiro que trabalhava em Lima, dos entraves burocráticos que me impediam de obtê-lo. "Vamos resolver isto já", afirmou ele. Na manhã seguinte, levou-me ao gabinete do ministro das Relações Exteriores, de quem se fizera amigo. Pediu-me que esperasse na antessala e voltou, passados poucos minutos, com uma carta firmada pelo próprio ministro. Saí dali, de pistolão em punho, e fui peitar a burocracia peruana, que, na mesma hora, me concedeu o visto.

Mas era tarde demais. Um mês antes, Almino Afonso decidira trocar o Peru pela Argentina e ofereceu-se para me conseguir trabalho na Universidade de Buenos Aires. Aceitei e fiquei aguardando o sinal dele. Em junho de 1974, eu deixava Lima. Segui na frente, sozinho, para preparar o terreno e levar a família depois.

70

Ainda no avião soube que Perón havia morrido. Ao deixar o aeroporto de Ezeiza, o homem que carregava minha bagagem falou consternado: *"El pueblo argentino está de duelo."* O chofer de táxi achava que com Perón tinha se ido toda a esperança. Atravessei a cidade até o bairro distante, onde moravam Flora e Alcir, amigos que encontrara em Lima e que também haviam desistido do Peru. Eles me receberam com alegria. Aquela noite sonhei que o mundo acabava em chamas e acordei com o trovejar de uma tempestade que fendia o céu de alto a baixo com descargas elétricas.

O país parou. Durante quatro dias a televisão mostrava uma única imagem: o caixão mortuário onde jazia o corpo de Juan Domingo Perón. Em torno dele desfilava o povo argentino chorando. Finalmente, enterraram-no e Isabelita, a vice-presidente, assumiu o governo, tendo como único título para administrar o país ser viúva do caudilho. Era óbvio que não podia dar certo.

Assim que o país voltou a funcionar, saí em busca de duas pessoas que me haviam indicado: o pintor Luís-Felipe Noé, professor de estética na Faculdade de Ciências e Letras da Universidade de Buenos Aires, e Ruthe, membra do comitê de ajuda aos exilados. Fui encontrá-la em seu escritório, no centro da cidade. Era dona de uma firma ligada à comercialização de gado. Convidou-me para almoçar num restaurante próximo e se dispôs a ajudar-me em tudo que pudesse, como, por exemplo, no contrato de aluguel do apartamento e na obtenção do visto de permanência. Seu ex-marido era um jornalista influente e bem-relacionado com certos setores do peronismo. A partir desse dia, passamos a nos encontrar com frequência. Ruthe gostava de literatura, especialmente de poesia, de modo que, quase sempre, a maior parte de nossas conversas versava agora sobre esse tema. Quis conhecer meus livros e se dispôs a conseguir editor para lançá-los na Argentina. Escandalizou-se quando soube que, tendo vivido no Chile e no Peru, nunca tivesse me aproximado dos escritores desses países nem muito menos dos editores. "Se você não cuidar da difusão de sua obra, quem vai cuidar?", advertiu-me. "Você", disse-lhe eu, brincando. "E vou mesmo!"

Certa noite, nosso jantar, regado a vinho, estendeu-se até tarde. Ela descalçou um dos pés e passou a alisar minha perna por baixo da mesa. Tomei-lhe as mãos e as acariciei. Ela me segredou ao ouvido. "Vamos embora daqui, vamos?" Fomos para um hotel, onde ela se entregou a mim impetuosamente.

Dias antes, fizera contato com Noé. Ele me pediu para ir ao seu encontro na faculdade, que ficava no centro da cidade. Era um ambiente agitado. Já na entrada deparei-me com grupos de estudantes que discutiam, enquanto outros pintavam faixas estendidas no chão do hall. Faixas de protesto, semelhantes às outras que atravancavam todo o espaço do corredor por onde me encaminhei. As paredes estavam cobertas de pichações. Bandos de alunos cruzavam por mim, berrando e batendo bombo. Era impossível descobrir naquela confusão a sala de aula onde estava Noé. Tentei orientar-me, perguntando a algum aluno menos agitado que passava. Aqueles que conseguiam ouvir minha pergunta, não sabiam informar. Após espiar em várias salas e perguntar pelo professor Luís-Felipe Noé ou pelo curso de estética, parei diante de uma porta com a indicação: SALA DE ESTÉTICA E HISTÓRIA DA ARTE. Era ali.

A aula terminava, e então fomos conversar num bar próximo, de nome Belas Artes, frequentado pelos alunos, mas onde a agitação era menor. Noé sabia de minha atuação como crítico de arte e guardara um texto meu sobre uma exposição coletiva de pintores argentinos realizada no Rio anos atrás. "Eu era um dos expositores", disse-me ele. Afinal, ficou acertado que eu poderia dar uma série de aulas sobre arte brasileira e outra sobre os problemas da arte contemporânea. Fiquei de preparar uma proposta para ser levada ao diretor da faculdade, que já manifestara a intenção de contratar-me.

Voltei para casa refletindo sobre o clima de agitação que imperava na faculdade. Noé, preocupado com a situação, me falara da dificuldade que tinham os professores de ensinar e os alunos de assistirem às aulas, frequentemente interrompidas por grupos de manifestantes que, batendo bombo, invadiam as salas e convocavam os alunos para comícios no pátio. *Esse filme eu já vi*, pensei comigo. *Sei como acaba.*

71

Com ajuda de Ruthe, havia alugado um apartamento de três quartos na avenida Honorio Pueyrredón, não muito afastada do centro da cidade. Thereza, em Lima, por sua vez iniciara as providencias para deixar o Peru: vendera os móveis e embalara os livros. Faltava pouco.

Transferi-me para o novo apartamento, onde passei a dormir num colchão usado, presente de Ruthe, que me emprestara também dois aquecedores velhíssimos que queimavam querosene. Impregnavam o ambiente de um cheiro desagradável, mas de qualquer modo me protegiam do frio intenso do inverno argentino. Comprei algumas tábuas de conglomerado e com elas fabriquei uma estante e um estrado para o colchão. Mais tarde, com ajuda de Thereza, compraria cama, armário, mesa de jantar e cadeiras, em lojas de móveis usados.

Minha relação com Ruthe se manteve até o desaparecimento de Paulo, que ocorreu dois meses após a chegada da família. Dos primeiros sintomas em Lima até a vinda para Buenos Aires, sua confusão mental se acentuara. Ainda uma vez, Ruthe me ajudou: conseguiu que um médico amigo, dono de uma clínica experimental, aceitasse tratar de Paulo sem nada cobrar.

O tratamento consistia em criar um ambiente descontraído para os doentes. A clínica era uma casa onde os pacientes passavam todo o dia, participavam de conversas em grupos, quando discutiam seus problemas com os médicos e outros pacientes, e ocupavam-se das tarefas cotidianas: faziam compras, ajudavam a servir a mesa, lavar os pratos, limpar os cômodos. A família era mantida distante dali.

No começo, Paulo pareceu gostar de lá. Dizia-se mais aliviado e de fato parecia menos ansioso. Mas, ao fim de duas semanas, mudou de atitude, parou de frequentar a clínica. Perguntei-lhe o que havia acontecido e ele me disse que achava aquilo lá muito chato. Telefonei para o dr. Grimsson, dono da clínica.

— Não se preocupe – disse-me ele –, é assim mesmo. Depois, ele volta pra cá.

— Mas ele me parece muito ansioso. Talvez fosse bom lhe dar algum remédio.

— Não precisa, fique tranquilo.

Poucos dias depois, Paulo fugiria de casa e desapareceria. Ao chegar da rua, encontrei-o na sala brincando com uma bola e entrei na brincadeira. Ele chutava a bola pra mim, eu a devolvia. Finalmente, a bola tomou a direção do corredor e ele foi apanhá-la, mas, em vez disso, saiu e bateu a porta. Hesitei um instante e vendo que ele não voltava, fui até lá. Só tive tempo de perceber seu vulto descendo às carreiras pela escada do prédio. Chamei-o, ele não atendeu. Corri para a janela e pude ainda vê-lo cruzar a avenida e sumir na esquina em frente. Não entendi nada. Avisei a Thereza, que estava no quarto, e saí atrás dele. Rodei pelas ruas próximas inutilmente. Retornei ao apartamento na esperança de que tivesse voltado, mas não tinha. Thereza estava assustada. Luciana e Marcos se prontificaram a também procurá-lo e foram para a rua. Aflito, saí de novo. Nisso ficamos até tarde da noite, quando nos convencemos de que Paulo de fato não ia voltar. Na manhã seguinte, telefonei para o dr. Grimsson, que de novo me tranquilizou, garantindo que ele não demoraria a aparecer, talvez até fosse para a clínica. O dia se passou, a noite chegou e Paulo continuou sumido.

No limite do desespero, mal dormido, decidi no outro dia sair à procura dele. Devia estar vagando pelas ruas, dormindo debaixo de alguma marquise. Tomei uma direção qualquer e caminhei por quadras e quadras, espiando cada canto de porta, cada praça, cada esquina. Exausto, tomei um táxi e pedi ao motorista que fosse bem devagar. A certa altura, assaltou-me uma dúvida terrível: e se caminho na direção oposta ao lugar onde ele está? Essa reflexão me atingiu com um soco: em qualquer direção que eu vá posso estar me afastando dele! A cidade de Buenos Aires era agora um vasto labirinto kafkiano. Uma sensação de impotência me fez voltar para casa, arrasado, vencido.

72

Mantinha contato periódico com um dirigente do partido que também estava exilado em Buenos Aires. Falei-lhe da fuga de Paulo e ele se dispôs a conseguir ajuda dos companheiros do Partido Comunista Argentino. Um dia me ligou e levou-me até o consultório de um médico psiquiatra, onde nos esperava, além dele, um companheiro do PC argentino, um sujeito de meia-idade, troncudo e de rosto quadrado.

Contei-lhes resumidamente o que havia ocorrido, mal conseguindo esconder o estado emocional em que me encontrava.

— Quantos dias faz que ele desapareceu?
— Doze dias.
— Perca as esperanças – disse o homem troncudo –, seu filho não vai aparecer mais.

Essa afirmação me revoltou. Tinha ido ali em busca de ajuda, mas também de apoio e de algum alento.

— Como é que o senhor sabe? – perguntei-lhe, rispidamente.
— Nesses casos, menos de vinte por cento reaparecem.
— E por que meu filho não pode estar entre os vinte por cento que reaparecem?

O companheiro brasileiro interrompeu a discussão.

— Que ajuda vocês podem dar no caso de o rapaz reaparecer?
— Terá que ser internado... Deixe ver... Venha amanhã aqui em meu consultório. Vou pensar um modo de ajudá-lo.

Na rua, manifestei minha indignação.

— Que sujeito insensível! Afirmar gratuitamente que meu filho não vai aparecer mais!

— É do tipo que acha que comunista tem que ser durão.

— Um filho da puta é o que ele é!

No dia seguinte, voltei ao consultório. Esperei quase duas horas para ser atendido e, quando já estava disposto a ir embora, o médico me fez entrar, redigiu uma carta e me entregou.

— É para um amigo meu, o endereço está aí. Acredito que ele possa ajudá-lo.

No metrô li a carta, amassei-a e joguei-a fora. O tom em que estava escrita, quase dava a entender que o favor solicitado não devia ser atendido. Depois verifiquei, surpreso, que se tratava de conseguir a internação de Paulo no Hospital Borda, que é uma instituição pública, gratuita, onde ninguém necessita de pistolão para ser internado.

73

Acompanhado de meu filho Marcos, fui à seção de desaparecidos da polícia de Buenos Aires. Ali tomei conhecimento da quantidade de pessoas que sumiam diariamente na cidade. "Quase todos reaparecem", tranquilizou-me o policial encarregado do serviço. Pediu-me o nome completo de Paulo, informações sobre seu tipo físico e como estava vestido. "Vamos passar esses dados para todas as delegacias."

Meus encontros com Ruthe eram agora apenas para conversar sobre Paulo.

— Tenho uma sugestão a lhe fazer – disse-me ela. – Não sei se vai aceitar.

— A essa altura, eu aceito qualquer sugestão.

— É uma vidente. Ela localizou um sobrinho meu que desapareceu um ano atrás.

Deu-me o nome e o telefone da mulher, que se chamava Haydée. Eu devia dizer que era da parte de Ruthe. Fiz isso. A mulher me perguntou o nome completo de Paulo e, ao ouvi-lo, sua voz mudou inteiramente, tornou-se estranha.

— Seu filho está vivo, mas sofre de uma espécie de amnésia. Ele vai reaparecer. Procure a Embaixada do Brasil.

— Embaixada? Eu sou exilado, prefiro não me envolver com a embaixada.

— Eles lá devem saber de seu filho.

Não me animei a ir à Embaixada do Brasil. A única vez que tinha estado lá foi para renovar meu passaporte. Eles se negaram a me dar um passaporte novo e ainda tentaram apreender o velho. Como ameacei fazer um escândalo, me devolveram o passaporte, mas não sem antes imprimir em todas as páginas o carimbo de "cancelado".

Dois dias depois voltei a ligar para a vidente.

— Procurou a Embaixada do Brasil?

— Não.

— Já lhe disse que eles sabem de seu filho. Procure a embaixada.

Era uma sexta-feira. Telefonei para Boal na esperança de conseguir o telefone da embaixada. Ele me deu o número e uma informação importante: o cônsul geral era um ex-genro de Vinicius de Moraes, Rodolfo Souza Dantas.

Liguei, o cônsul mandou dizer que estava em reunião, mas uma funcionária me atendeu.

— A pessoa que trata desse assunto está na rua a serviço – disse ela depois de ouvir-me. – Deixe-me seu telefone. Se ele voltar em tempo, peço que telefone para o senhor ainda hoje.

Menti que não tinha telefone, voltaria a ligar. Liguei no final do expediente, mas o tal funcionário só voltaria na segunda-feira. No dia seguinte, sábado, pela manhã, minha cunhada, Báli, que residia em meu apartamento no Rio, telefona-me: chegara naquele endereço uma mensagem do Ministério das Relações Exteriores informando que Paulo estava detido na polícia de Buenos Aires. Desliguei o telefone, animado, e dei a notícia a Thereza.

— Mas em que delegacia? – indagou ela.

— Não informaram. Vou ligar para a central.

Eu tinha o telefone da seção de desaparecidos. Não sabiam de nada, mas iam se informar.

— Me dá aí a lista telefônica. Vou ligar para todas as delegacias de Buenos Aires. Hoje eu localizo meu filho, custe o que custar.

Abrimos a lista: eram dezenas de delegacias.

— Nem que leve o resto do dia telefonando.

Não foi preciso. No quinto ou sexto telefonema, eu o localizei: estava na delegacia de Olivos, bastante longe do bairro onde morávamos.

74

O delegado me disse que Paulo tinha sido detido ao tentar roubar um carro. A prisão fora determinada pelo juiz de menores e, por isso, só com a ordem dele poderia soltá-lo. Difícil seria encontrá-lo num sábado. De fato, os vários telefonemas dados pelo delegado resultaram inúteis.

— Posso ver meu filho?
— Pode, claro.

Ele me conduziu até um pequeno pátio, nos fundos da delegacia. Levei um susto: Paulo estava esquelético como um prisioneiro de campo de concentração nazista. Usava a mesma roupa com que fugira de casa: calça jeans marrom, uma camisa de mangas curtas. Os olhos fundos, o maxilar trancado, ar de desafio: lançou no ar uma bolota de cuspe seco.

— Desde que chegou aqui, ele se nega a comer e beber.

Contive um soluço, meus olhos se encheram d'água. Abracei-o.

— Vou tirar você daqui, meu filho.

Ele não falou nada. Voltei com o delegado para a sua saleta. Enxuguei os olhos.

— O senhor vai ter que soltá-lo – disse ao delegado. – Ele é um rapaz doente.

— Já percebi. Por isso, tentei avisar a família. Ele não sabia direito o endereço. Fomos até a avenida Honorio Pueyrredón, onde ele disse que morava, mas não reconheceu o edifício... Ele tem médico, não tem? Consiga um atestado do médico. Apoiado nisso, eu o solto e depois me explico com o juiz.

Liguei para Thereza, que me passou o número da clínica.
— Quero falar com o dr. Grimsson. Diga que é o pai do Paulo.
— Dr. Grimsson está em reunião.
— Escute, minha senhora. Trata-se de uma emergência. Meu filho está preso numa delegacia, necessito de um atestado do dr. Grimsson para soltá-lo. Diga isso a ele, por favor.

Ela me pediu que esperasse ao telefone.
— Dr. Grimsson não pode atender agora.
— A senhora disse a ele que o Paulo está preso?
— Meu senhor, a reunião não pode ser interrompida.

Desligou. Voltei-me para o delegado.
— O médico não pode atender... E pensar que ele escreve artigos condenando a desumanização da psiquiatria!

O delegado me olhou penalizado.
— Vou soltar o rapaz. O senhor vai voltar com seu filho pra casa.
— Muito obrigado, delegado, muito obrigado – disse eu, com um nó na garganta.

75

Já anoitecera quando cruzamos Buenos Aires num táxi, de volta à nossa casa.

— Quantos dias faz que você não come, meu filho?
— Desde que me prenderam.
— E quando te prenderam?
— Na mesma noite em que fugi de casa.
— É muito tempo sem comer, por isso está tão magro. Por que se negou a comer?
— Achava que eles sabiam que eu era seu filho e iam pôr alguma droga na comida pra eu denunciar você.
— Meu filho!... – exclamei comovido. – Bem, você agora precisa comer alguma coisa. O que quer comer?
— Compra uma pizza de muçarela... Não, duas... duas grandes. Uma de muçarela e uma de presunto.

Mandei parar o táxi, comprei as pizzas e entrei em casa, radiante de alegria.

Na sala estavam, além de Thereza, a mãe dela e duas tias, Julieta e Ester, que tinham vindo do Brasil nos apoiar ao saberem do desaparecimento de Paulo. Todos se alegraram com a nossa chegada. Paulo foi direto para a cozinha devorar as duas pizzas. Momentos depois, as vomitava no banheiro. Extenuado, fui para o quarto, deitei-me e logo adormeci.

Acordei com alguém me sacudindo.

— Paulo quer fugir de novo!

— Onde está ele?

— Na sala.

Paulo, agitado, tentava abrir a porta do apartamento, enquanto Luciana o incentivava com palavras bíblicas, no propósito de dissuadi-lo. Eu havia trancado à chave as duas portas de saída do apartamento, a social e a de serviço.

— Abre a porta, pai.

— Nada disso. Não vou deixar você voltar pra rua nesse estado.

— Me dá a chave!

— Não dou. Se voltar pra rua, vai terminar morrendo.

Ele correu na direção do janelão da sala. O apartamento era no quinto andar. Morreria se despencasse da sacada. Joguei-me sobre ele e me agarrei à sua cintura. Tentou se livrar de mim, mas não conseguiu. Começou então a arrastar-me na direção do corredor e me deixei levar. Ao chegar à porta do quarto de Marcos, ele me deu um empurrão e bateu a porta, trancando-se ali. As outras pessoas acompanhavam tudo aquilo, assustadas.

— Acho que ele vai tentar descer pela janela do quarto – disse eu, alarmado, pouco antes de ouvir o barulho de vidros se quebrando.

— Ele espatifou a vidraça da janela.

— A persiana está quebrada – disse Thereza. – Talvez ele não consiga levantá-la.

Enquanto isso Marquinhos, com um grampo, abrira a porta do quarto e eu pude entrar. Deparei com Paulo sobre um monte de vidros quebrados, tentando cortar, com uma faca, a madeira da persiana.

Quando me viu, deteve-se e ficou me olhando com a faca na mão. Aproximei-me dele.

— Me dá essa faca, filho.

— Vai embora daqui.

— Me dá essa faca – disse eu, aproximando-me ainda mais dele.

Ficamos nos olhando um tempo.
— Toma – disse ele, entregando-me a faca.
Nesse instante, Thereza me chama do corredor.
— A ambulância chegou. Os enfermeiros estão subindo.
Mas os enfermeiros, ao verem o quadro, se assustaram.
— Esperamos lá embaixo. O senhor traz ele.
Não contava com aquilo, mas me dispus a levá-lo. Não tinha alternativa.
— Só peço que me esperem junto à porta do prédio – segredei a um dos enfermeiros. – Sei que ele vai tentar fugir.
Foi o que aconteceu. Quando o portão se abriu, Paulo tratou de escapar. Abracei-o pela cintura e o arrastei até a ambulância sob as vistas dos enfermeiros, que nada faziam. Consegui colocá-lo na parte traseira da ambulância, apesar da resistência que ele oferecia, pressionando-me o tórax com os joelhos.
No posto de saúde, deram-lhe uma injeção e ele adormeceu. Avisaram-me que eu tinha que removê-lo o mais depressa possível, pois ali não havia internação. Já amanhecia quando consegui localizar um médico que se prontificou a ajudar-me. Levei Paulo de ambulância até o Hospital Borda, onde logramos interná-lo. Era quase onze da manhã quando voltei para casa, exaurido, mas aliviado, temporariamente livre do desespero. Sentia uma forte dor do lado esquerdo do tórax. É que no esforço para colocá-lo na ambulância, uma das costelas se partira. Dias depois, quando já havia saído do surto, comentou comigo.
— E aqueles enfermeiros, hein, pai! Ficaram vendo você me arrastar para a ambulância e nem ajudaram.
Rimos os dois.

76

O Borda era um prédio grande e de muitos andares. Em cada andar funcionava uma equipe médica, que cuidava de um número determinado de pacientes. Os responsáveis pelo décimo andar, onde estava Paulo, convocaram a mim e a Thereza para uma conversa.

Fomos ao encontro dispostos a colaborar em tudo que fosse necessário ao tratamento de Paulo. Da reunião participaram vários médicos e médicas, inclusive a responsável por aquele setor de internação. Ela pediu que contássemos como começou a doença de Paulo, como foram os primeiros sintomas e o último surto. Todos nos ouviam atentamente, alguns tomavam notas. Quando terminamos de falar, a médica responsável passou a demonstrar que o que acontecia com nosso filho tinha raiz em nossa própria família. Em suma, bem-avaliado, ela afirmava que éramos os culpados da doença dele. Thereza me olhava furiosa, mal contendo sua revolta. A certa altura, não aguentou mais.

— Doutora – disse ela –, acho que a senhora devia dar alta ao Paulo e mandar internar a mim e a meu marido. Os doentes, pelo que vejo, somos nós.

Assim começou o nosso convívio com a esquizofrenia e suas consequências. Passei a ler sobre o assunto, tentando entender melhor o que era aquela doença sobre a qual havia tantas teses contraditórias. Para uns, a esquizofrenia tinha causas sociais e ideológicas; para outros, as causas estavam na relação familiar;

havia os que afirmavam tratar-se de uma doença meramente psicológica e os que garantiam ser uma doença de base fisiológica. Havia também quem condenasse drasticamente a internação e o uso de remédios. Eu me sentia mais perdido que cego em tiroteio. Aos poucos, porém, no trato com a doença, a observação, as diversas tentativas de terapia, comecei a ver claro algumas coisas. Ao que tudo indica – e isso está hoje comprovado por estudos científicos – a causa da esquizofrenia reside no mau funcionamento da química cerebral. Isso não exclui as questões psicológicas e as consequências de caráter social, uma vez que o esquizofrênico, marginalizado pela doença, torna-se um inadaptado, sujeito a complicações psicológicas e de comportamento.

Opor-se à internação é desconhecer que, durante o surto, o doente perde o controle de suas ideias e ações, pondo em risco sua própria segurança e de seus familiares; é desconhecer também a carga de sofrimento a que, não apenas o doente, mas também a família é submetida, levando às vezes à sua desintegração e destruição. As drogas neurolépticas, como o Haldol, assinalam um avanço no tratamento da esquizofrenia, tendo permitido, por controlar o surto psicótico, que o paciente conviva com a família e que as clínicas possam se tornar lugares arejados, com jogos e divertimentos, em vez de soturnos presídios, como os manicômios de antigamente.

Após algumas semanas de tratamento, Paulo melhorou. Eu e Thereza, alternadamente ou juntos, íamos visitá-lo todos os dias, levando-lhe frutas, sucos, biscoitos. Certa tarde, ao sair do elevador, recebo a notícia.

— Seu filho fugiu.

— Fugiu como?

— Ele desceu com outros pacientes para jogar bola, aproveitou a distração do enfermeiro e deu no pé.

Voltei para casa com a sacola de frutas e a garrafa térmica cheia de chocolate quente.

77

Minha primeira reação foi desistir. Se ele não queria se tratar, se queria viver pelas ruas como vagabundo ou mendigo, que vivesse.

Mas Thereza me lembrou que, no domingo anterior, Luciana o havia levado para conhecer a comunidade religiosa a que ela pertencia. Talvez tivesse ido pra lá.

A possibilidade de encontrá-lo me mobilizou de novo. Embora não soubesse ao certo o endereço da tal comunidade, tinha uma ideia de sua localização. E não é que, ao me aproximar de lá, vejo o Paulo vindo em minha direção? Eu mesmo não acreditei. Ele, quando me viu, espantou-se e saiu correndo.

— Paulo, espera aí!

Ele não parou e fui atrás. O bairro era cortado por uma via férrea e de repente surgiu um trem em alta velocidade. Entrei em pânico. Mas ele hesitou em atravessar na frente do trem e assim pude alcançá-lo. Atraquei-me com ele.

— Vamos conversar, Paulo!

Ele tentava soltar-se, eu o segurava, em meio ao barulho ensurdecedor do trem que parecia não acabar nunca de passar.

— Está bem, vamos conversar. Mas me solta.

Eu o soltei.

— Volta comigo pro hospital. É melhor pra você.

— Como é que você sabe? Nunca esteve internado lá.

— É que você está doente.

Paulo tenta escapar de novo, eu o agarro, e ficamos os dois pelejando ali. Para um sujeito com uma caminhonete.

— Moço, me ajude aqui. Me ajude a levar meu filho pro hospital.

— Quanto me paga?

— Não sei – respondo, pelejando com Paulo. – Não tenho muito dinheiro.

— Ah, então, nada feito.

O homem se afasta com a caminhonete.

— Espere aí! Pago quanto você quiser! Espere!

A caminhonete sumiu numa esquina. Entrei em desespero. Sozinho não conseguiria levar o Paulo para o Borda. Mas não o soltei. Algum tempo depois, voltou o homem com a caminhonete.

— Vamos. Eu levo vocês. Pra onde é?

Paulo não ofereceu resistência, subiu comigo no carro. Já era noite quando chegamos ao hospital. O vigia criou dificuldades, alegando que ninguém podia entrar sem autorização médica. Finalmente, consegui que ele se comunicasse com o setor onde Paulo estava em tratamento e a autorização foi dada.

— Que sufoco – comentou o rapaz, depois que Paulo entrou.

— É isso aí... Quanto lhe devo?

— Nada, senhor, não me deve nada. Pra onde vai?

— Caballito.

— Vou noutra direção. Boa noite.

— Me deu uma grande ajuda, sabe? Muito obrigado.

A caminhonete se afastou. Caminhei até a estação de metrô mais próxima e segui para casa.

78

A situação política na Argentina foi se radicalizando a cada dia. Todo mundo sabia que Isabelita não tinha nem autoridade nem competência para governar o país, ainda mais nas circunstâncias difíceis do processo político latino-americano de então. A ultraesquerda e a esquerda peronista, que haviam dado uma trégua a Perón, decidiram aproveitar-se agora da fragilidade do governo para pressioná-lo. Não compreendiam que Isabelita era o mal menor, uma vez que a alternativa seria a ditadura militar, pois a única coisa que ainda detinha o golpe era a legitimidade do mandato presidencial que ela exercia. Pressioná-la, obrigá-la a tender para a esquerda era apenas fornecer argumentos aos golpistas e facilitar a consumação de seus propósitos antidemocráticos. Nada disso impediu, porém, que os *montoneros* – ou seja, a esquerda peronista – rompessem com a presidente da República num documento ameaçador e suicida. Não demorou muito para que começassem a pôr em prática suas ameaças, promovendo atentados e atos terroristas. O resultado foi Isabelita aliar-se à direita peronista e iniciar o expurgo dentro do governo.

O expurgo atingiu a Universidade de Buenos Aires, donde foram demitidos todos os professores ligados aos *montoneros*, bem como os exilados, muitos deles chilenos, outros uruguaios e paraguaios, perseguidos pelas ditaduras militares de seus respectivos países. Meu amigo Luís-Felipe Noé foi dispensado e com ele acabou-se a minha esperança de emprego. A Faculdade de Sociologia e Ciências Políticas foi extinta e em seu lugar criou-se a Faculdade de Teologia...

Como no Brasil, a radicalização da esquerda na Argentina serviu de pretexto à fúria repressiva da direita, para liquidar sumariamente os militantes do ERP e dos *montoneros*. Os prisioneiros eram levados em automóveis para as cercanias desertas do aeroporto de Ezeiza e ali explodidos com dinamite. O capelão do contingente do Exército argentino sediado em Buenos Aires chegou a justificar teologicamente a eliminação física dos inimigos do regime. Afirmou numa solenidade militar que só mereciam ter sua vida respeitada os homens que se mantinham fiéis a Deus, e não aqueles que haviam entregue a alma ao Diabo.

Os exilados brasileiros viam com apreensão esse aumento do radicalismo, tema frequente de nossas conversas nos encontros que se realizavam na casa de Alcir e Flora, de Boal, de Flávio Tavares e de outros companheiros. Enquanto isso, no Brasil a situação política dava sinais de melhora. A derrota sofrida pelo regime militar nas últimas eleições legislativas, em outubro de 1974, era indício de seu crescente desgaste e prenúncio de maior abertura. Não obstante, a delicadeza da situação aconselhava agir com cautela, "não cutucar a onça com vara curta". Por essa razão, os líderes da oposição evitaram tripudiar sobre os derrotados. Ulisses Guimarães tratou de minimizar a importância da vitória oposicionista para não estimular a ação dos militares radicais, que gostariam de virar a mesa. Mas nem todos viam a coisa com essa clareza e foi assim que apareceu, na casa de Boal, um casal de brasileiros, recém-chegado de Paris com uma missão: colher assinaturas num manifesto que desautorizaria "a atitude covarde do PMDB" e afirmaria que a ditadura tinha sido derrotada, sim, e que aquela derrota era o início do seu fim. Eu me neguei a assinar o manifesto. Aleguei que, estando longe do Brasil havia muitos anos, sentia admiração pelos companheiros que se mantiveram lutando no país e que acabavam de obter uma importante vitória. Eles, que haviam sabido conquistar essa vitória, certamente saberiam também, mais do que eu, como lidar com ela. Considerava uma empáfia pretender ensinar a Ulisses Guimarães e aos outros líderes de oposição de que modo agir em tais circunstâncias. Como soube depois, a ideia infeliz desse manifesto não foi adiante.

A verdade é que a experiência chilena mudara minha cabeça. A quantidade de erros cometidos pelas esquerdas, e especialmente pela ultraesquerda, tornava intolerável conciliar com o radicalismo tolo. Estava mesmo disposto a escrever um livro sobre o golpe chileno contrariando as teses defendidas pelas esquerdas. Sem exceção, os políticos que lutaram no Chile, fossem socialistas, comunistas ou esquerdistas de diferentes matizes, todos atribuíam a responsabilidade pela derrubada do governo chileno à ação do imperialismo norte-americano. Quase nenhum deles se referia à contribuição decisiva dada pelas esquerdas com seus erros, sua pretensão, sua ingenuidade e muitas vezes com sua burrice.

Estava disposto a não mais me conciliar com isso. Tornei-me exigente na avaliação dos fatos políticos. Tanto assim que, no final de 1974, quando fui procurado por dirigentes do PCB que pretendiam me informar da situação brasileira, devo tê-los surpreendido com minha franqueza. Quando afirmaram que o partido tivera participação decisiva na vitória eleitoral, discordei.

— Como decisiva, se não conseguimos eleger quase ninguém? Desculpem, mas não concordo com vocês. A meu ver, uma das razões determinantes da derrota da ditadura foi a atitude de parte do empresariado, que entrou em conflito com o regime. A ditadura meteu a economia brasileira numa camisa de força e isso inviabiliza o capitalismo.

Para escrever o livro sobre o Chile, procurei o Guanini, jornalista argentino para cujo endereço havia remetido o pacote com a coleção de *El Siglo* e outras publicações, naquela hora de sufoco em Santiago.

— Você quase me mete em cana enviando isso para meu endereço – disse-me Guanini. – Um fiscal do correio abriu o pacote e o enviou para a polícia, que mandou me chamar. Queriam explicações.

— E você disse o quê?

— Disse a verdade. Não sabia quem me havia enviado isto.

Eu ri. Ele riu também.

Nunca terminei de escrever o livro sobre a queda de Allende. No dia seguinte ao golpe militar que derrubou Isabelita, em março de 1976, apreensivo com os boatos e escaldado com o que passara em Santiago do Chile, dei fim ao que havia escrito e à coleção de *El Siglo*, antes que me visse forçado a remetê-los pelo correio para outro amigo em outro país...

79

Em janeiro de 1975, Paulo sumiu outra vez. Decepcionado e exaurido, não tomei no primeiro momento nenhuma iniciativa para localizá-lo. Nos últimos meses ele parecia tranquilo e disposto a aceitar o tratamento. Nada fazia supor que ainda tivesse a intenção de fugir do hospital. A essa altura, Thereza se mostrava arrasada diante do quadro familiar: além do problema de Paulo, agravava-se a situação de Marcos, que se envolvera com drogas; Luciana praticamente trocara a família pela comunidade religiosa a que se juntara.

Como as tentativas de localizar Paulo foram infrutíferas e os dias se passassem sem qualquer sinal dele, decidi telefonar para dona Haydée, a vidente. Ela me pediu que fosse a sua casa, levando alguma roupa íntima do Paulo. "Desta vez", disse-me ela, "a coisa é mais complicada, não dá pra ser por telefone."

Ela morava numa casa modesta numa área pobre não longe do centro de Buenos Aires. Aparentava uns quarenta e poucos anos, era grande, gorda, e seu rosto refletia bondade e enfado.

— Sofro muito – disse ela. – Sofro os tormentos dos outros. Mas que fazer? É a missão que Deus me confiou, ajudar os aflitos.

Levou-me até um quarto, de pouca luz, me fez sentar numa cadeira e postou-se em frente a uma pequena mesa. Perguntou-me pela peça íntima de Paulo. Entreguei-lhe a cueca que trouxera, ela a apertou demoradamente nas mãos; depois acendeu um charuto e passou a bater sobre um cartão a cinza que se ia formando a cada tragada sua. E falou:

— Seu filho não vai voltar pra cá. Ele está se afastando de você, caminhando por uma paisagem muito verde e em direção ao Norte.

— Não vou mais ver meu filho?

— Tão cedo não. Vai vê-lo mais tarde... Por ora, deve-se preocupar com seu outro filho... Tem outro filho, não tem?

— Tenho, Marcos.

— Pois é. Ele também está correndo perigo. Pode entrar por um mau caminho.

Não duvidava do que Haydée dizia. Era uma paranormal. Acertara em cheio ao afirmar, da vez anterior, que a embaixada do Brasil sabia do Paulo. Por isso, já que tinha uma adivinha a meu alcance, resolvi perguntar-lhe quanto tempo ainda duraria a ditadura no Brasil. Ela não se ligava em política, não estava a par do que se passava na Argentina nem muito menos fora de lá.

— Vejo militares mandando em seu país. Mas isso deve acabar em breve, e é um deles que vai provocar a mudança.

— Quando vou poder voltar?

— Em pouco mais de um ano você estará de volta. Em menos de dois, estará reunido com toda a família no Brasil.

No metrô, de volta para casa, ia imerso numa estranha e amarga tranquilidade: a valer as premonições de Haydée, tinha que aceitar passivamente o desaparecimento de Paulo, podia também acreditar na volta ao Brasil em prazo relativamente curto. Mas e se ela estivesse equivocada? E se o Paulo estivesse preso, como antes, ou vagando pelas ruas, como um mendigo?

80

As palavras de Haydée indicavam que Paulo se dirigia para o Brasil.

— Algo me diz que a intenção dele é voltar pra vida de surfista, reencontrar a turma dele – afirmou Thereza. – Ele deve estar indo para o Rio. Não acha que eu devo ir pra lá?

Dias depois ela partia. Marquinhos quis ir com ela e eu concordei. Afinal de contas, o exilado era eu.

Sozinho, vendo os dias se passarem sem qualquer sinal do Paulo, tomei a iniciativa de publicar um retrato dele num jornal, com o meu telefone, na esperança de obter alguma notícia. Não esperei muito.

— Acho que posso ajudá-lo a encontrar seu filho.

— Pode?! Então me ajude! Sabe onde ele está?

— Só posso falar pessoalmente. Espero pelo senhor hoje às dezoito horas no bar que há em frente à estação de Avellaneda.

— Como vou saber quem é o senhor?

— Uso um boné azul-escuro.

Liguei em seguida para Alcir, que achou o telefonema estranho.

— Vai ver o sujeito quer dinheiro.

— Seja lá o que for, tenho que ir encontrá-lo.

Avellaneda é fora de Buenos Aires, distante uma hora de trem. Não tinha ideia de onde ficava, procurei no mapa e rumei pra lá, o coração aos solavancos. Desci do trem em meio à confusão de pessoas que desembarcavam e outras que embarcavam. Procurei o bar em frente à estação. Começava a anoitecer. Atravessei a rua, não havia bar algum ali. Indaguei a um homem que vendia jornais.

— Mais adiante tem um restaurante. Bar não tem.

Entrei no restaurante e fiquei observando, na tentativa de ver um homem de boné azul. Não havia ninguém de boné. *Talvez ainda não tenha chegado*, pensei, sem querer admitir que o telefonema tivesse sido um trote. Postei-me de pé ao lado da porta, à espera do desconhecido. Esperei uma meia hora e desisti.

Ao entrar em casa, atordoado e exausto, ouço soar o telefone.

— Alô.

— É o pai do moço desaparecido?

— Sou eu mesmo.

— Acho que vi seu filho aqui perto.

— Perto de onde?

— Tenho uma pequena loja de consertos. Pelo retrato, estou certo que seu filho caiu atropelado aqui em frente de minha loja.

— Atropelado?!

— Pelo retrato, acho que era ele.

— E onde ele está? O senhor sabe?

— Foi levado para o hospital que tem aqui perto. Tome nota do endereço.

Alcir e Flora se dispuseram a ir comigo ao hospital, conheciam melhor que eu a cidade. Um amigo emprestou o carro, eles vieram me apanhar. Eu estava tenso e preocupado. *Espero que ele não tenha se machucado muito*, dizia a mim mesmo.

Na portaria do hospital não havia ninguém para dar informações. Fomos entrando, penetramos na enfermaria. Como eram poucos os internados ali, deu logo pra ver que nenhum deles era o Paulo. Perguntamos a uma enfermeira se sabia de um rapaz de cerca de dezoito anos, que fora atropelado ali perto, havia dois ou três dias.

— Venham comigo.

Ela abriu a porta do quarto, que era pequeno e escuro. Havia ali uma pessoa com pernas e braços enfaixados, e tubos de oxigênio nas narinas. Minha primeira reação foi de pânico.

— Esse não é o Paulo – afirmou Flora.

Observei-o melhor então. Não, não era.

81

Acordei arrependido de ter dado divulgação à foto de Paulo e meu telefone. As chamadas se sucediam, obrigando-me a deslocar-me de um ponto a outro da cidade para encontros que não se consumavam ou indícios que se revelavam falsos. E o pior é que não podia negar-me a ir verificar a informação, mesmo considerando que era mínima a sua veracidade. E se for verdade? E se a pessoa realmente souber dele? Depois de ter seguido tantas pistas falsas, não podia correr o risco de desprezar a verdadeira. E qualquer uma delas tanto poderia ser falsa como verdadeira. Um suplício, um desespero.

— O senhor é o pai de Paulo, o rapaz que sumiu?

— Olhe, senhorita, se não tem certeza de que realmente sabe de meu filho, imploro-lhe que não me diga nada, está bem? Estou sofrendo demais, entendeu? O desaparecimento dele já é sofrimento suficiente pra me arrasar, não é necessário ninguém me torturar ainda mais.

Às vezes a pessoa desligava. Às vezes insistia em dizer que realmente sabia do Paulo. Num desses telefonemas ouvi os risos de alguém que se divertia com a brincadeira.

Mas o telefonema que me levou ao ápice do desespero foi o de um homem que afirmava ter sequestrado Paulo.

— Ou você me entrega vinte mil pesos ou eu lhe mando a cabeça dele num saco.

Não acreditei no que ouvi.

— Tem duas horas para me entregar o dinheiro.

Entrei em pânico.

— Por favor, meu senhor. Não posso conseguir esse dinheiro em duas horas apenas. Sou um exilado, não tenho nem emprego.

— Não me interessa. Se não me pagar, ele morre.

— Escute, tenha paciência. Estou disposto a fazer tudo para conseguir o dinheiro, mas preciso de tempo.

Embora assustado com a ameaça inesperada, entendi que precisava ganhar tempo para pensar e ver como agir.

— Espero até à noite.

— Está bem. Mas talvez não consiga o dinheiro até lá. Me dê vinte e quatro horas. Me telefone amanhã a essa mesma hora e já terei o dinheiro comigo.

— Mas é o último prazo que lhe dou, entendeu?

— Entendi. Agora, ponha o Paulo aí no telefone para falar comigo.

Houve um momento de hesitação.

— Ele não está aqui e onde ele está não tem telefone.

— Mas preciso saber se o senhor de fato está com meu filho.

— Se não acredita, vai acreditar quando receber a cabeça dele num saco.

O homem desligou. Pus o fone no gancho e fiquei ali incapaz de pensar, como se tivesse levado uma descarga elétrica. Minhas mãos estavam geladas e trêmulas. Levantei, caminhei pela sala, tentando pôr a cabeça em ordem... *Isso pode ser um blefe*, disse para mim mesmo. Claro, esse sujeito leu meu apelo no jornal e decidiu me achacar... É... E se não for um blefe? Se ele efetivamente tiver Paulo em suas mãos? Não, não posso jogar com a vida de meu filho... Mas de que modo poderei saber se ele está ou não está com Paulo?

Essas perguntas iam e voltavam na minha mente atordoada. Até que atinei com a solução: lembrei-me que Paulo possui um sinal particular numa das mãos.

Pouco depois das onze horas da manhã o telefone soou.

— Como é, conseguiu o dinheiro?

— Consegui. Mas, antes de qualquer coisa, o senhor vai ter que provar que está com meu filho.

— Tá duvidando, é?

— Tenho que ter certeza. Meu filho possui um sinal particular em determinada parte do corpo. O senhor vai ter que me dizer como é esse sinal e onde está localizado.

O homem, do outro lado da linha, ficou mudo e em seguida desligou o telefone. Achei que havia ganho a parada, mas restava ainda a hipótese de ele ter ido verificar a existência do sinal. De fato, eu não tinha como conseguir, de um dia para o outro, a importância que ele exigia como resgate. Esperei, tenso. Passou-se meia hora, uma hora, o sujeito não ligou. Meu filho não estava nas mãos dele, mas eu continuava sem saber onde estava, se vivo, se morto.

82

Já ia pra mais de dois meses sem notícia de Paulo. Do Rio, Thereza me telefona pra me informar que internara o Marcos, intoxicado com drogas. Tinha ido para o sítio da tia em Morro Azul e lá, em companhia de um amigo, tomou chá de cogumelo – um cogumelo nascido de bosta de boi – e entrou em delírio.

Como o clima político no Brasil melhorava, passei a escrever para O Pasquim e colaborar esporadicamente na revista Visão e outras revistas. Enquanto isso, a situação na Argentina piorava, com a radicalização de parte a parte. Uma bomba explode no auditório de um clube militar, numa manhã de domingo, matando inclusive senhoras e crianças. À minha volta, pessoas conhecidas desaparecem. Há patrulhas armadas por toda parte. Se volto de algum encontro altas horas da noite, sou posto de mãos na parede, apalpado e, sob a mira da pistola, obrigado a mostrar os documentos. Tiro-os do bolso com a ponta dos dedos temendo receber um tiro. Com frequência, soldados armados invadem bares e passam a pedir a identificação das pessoas. Eu, com minha cara incomum, de traços mestiços, sou sempre escolhido pelas patrulhas. Beto, outro brasileiro exilado, de olhos claros e cabelos alourados, me diz: "Pois a mim eles nunca incomodam." Respondo rindo: "Claro, você parece europeu. Perigoso, na América Latina, é parecer latino-americano."

Esse estado de crescente insegurança me preocupava. Sentia-me encurralado: com o passaporte cancelado pelo Itamaraty, estava impedido de ir para qualquer outro país senão aqueles que faziam fronteira com o Brasil. Mas exatamente esses eram dominados por ditaduras ferozes, aliadas da ditadura brasileira. Para aumentar a preocupação, surgiram rumores de que exilados brasileiros estavam sendo sequestrados em Buenos Aires e levados para o Brasil, com a ajuda da polícia argentina. Achei que era chegada a hora de tentar expressar num poema tudo o que eu ainda necessitava expressar, antes que fosse tarde demais – o poema final.

Quando essa ideia despontou na minha cabeça, esqueci tudo o mais e entreguei-me a ela. Imaginei que o melhor caminho para realizar o poema era vomitar de uma só vez, sem ordem lógica ou sintática, todo o meu passado, tudo o que vivera, como homem e como escritor. Posto para fora esse magma, extrairia dele, depois, os temas com que construiria o poema. Tão excitado fiquei, a cabeça a mil, que só muito tarde logrei adormecer.

Na manhã seguinte, mal despertei, sentei-me à máquina de escrever: era a hora de vomitar a vida. Sim, mas como? Fiquei ali, paralisado. Se a linguagem tivesse garganta, meteria o dedo nela e provocaria o vômito verbal... Desapontado, me levantei e fui preparar um café, repetindo para mim mesmo: "O poema vai ter que sair, custe o que custar!"

Enquanto tomava o café, refleti, o facho abaixou, busquei o caminho possível: *Já sei, vou começar antes da linguagem... É... Mas antes da linguagem, o que há é o silêncio e não se pode dizer o silêncio; quando há silêncio, não há linguagem... Sim, mas eu tenho que começar antes da linguagem, antes de mim, antes de tudo...* E então escrevi:

turvo turvo
a turva
mão do sopro
contra o muro
escuro
menos menos
menos que escuro
menos que mole e duro menos que fosso e muro: menos que furo
escuro
mais que escuro:
claro
como água? como pluma? claro mais que claro claro: coisa alguma

 Senti que tinha encontrado o umbigo do poema (porque, como as pessoas e outros bichos, o poema também começa pelo umbigo) e, quase sem tomar fôlego, escrevi cinco laudas. Ao terminá-las, sabia de tudo: que o poema ia ter por volta de cem páginas, que teria vários movimentos, como uma sinfonia, e que se chamaria *Poema sujo*. Hoje, ao refletir sobre aqueles momentos, estou certo de que o poema me salvou: quando a vida parecia não ter sentido e todas as perspectivas estavam fechadas, inventei, através dele, um outro destino.

 Uma tarde, chega pelo correio uma carta. Não conheço o remetente. Abro-a. Era de um homem chamado Paulo Russo, que me dava notícias de Paulo. Dizia morar num loteamento em Taboão da Serra, próximo à cidade de São Paulo, e lá encontrara Paulo, debaixo de chuva, sentado na lama, pouco adiante de sua casa. Depois de muito, convencera-o a tomar um banho, trocar de roupas (emprestara-lhe calças e camisa), comer e alojar-se em sua casa. "A muito custo, consegui que ele me desse seu endereço para lhe mandar notícias de seu filho."

 Como meu telefone estivesse enguiçado, fui às pressas para o centro da cidade e, de uma cabine telefônica, liguei para a redação de revista *Visão*. Atendeu-me Vladimir Herzog, que se prontificou a ir a Taboão da Serra, com seu psicanalista. Ficou de me dar notícia aquela noite mesmo. Passei-lhe o telefone de Alcir. Em seguida, liguei para o Rio e falei com Thereza. Pedi-lhe que providenciasse a ida de alguém a São Paulo. Avisei Flora e Alcir para que aguardassem o telefonema de Herzog, iria à noite para sua casa. Por volta das onze horas, Herzog ligou dizendo que Paulo tinha deixado a casa de seu Russo, no dia anterior. Segundo Russo, ele desconfiou de que este havia avisado a sua família. Por outro lado, meu cunhado Antônio e meu concunhado Farias, ao chegarem a Taboão, foram informados de que Paulo pegara carona num caminhão que seguia possivelmente para Mato Grosso.

Nada me fez interromper o poema. Estava entregue a ele todas as horas do dia e da noite, só me desligando para tomar alguma providência indispensável e dormir. Esse estado durou de março a setembro de 1975, quando o fluxo perdeu força e cessou. Sabia que o poema não estava concluído, embora não soubesse como concluí-lo. Após algum tempo, repentinamente, escrevo as estrofes finais, que começam assim:

> O homem está na cidade
> como uma coisa está em outra
> e a cidade está no homem
> que está em outra cidade

Um mês depois da fuga de Taboão da Serra, Paulo reaparece numa pequena cidade paulista próxima da fronteira com Mato Grosso. Fora internado numa casa de saúde mantida por irmãs de caridade. Uma delas telefonou para a casa de Julieta, tia de Thereza, no Rio, dando a notícia. Ele havia sido recolhido, desmaiado, de um valão à beira da estrada, com pneumonia.

Curado, admitiu dar o número do telefone. Foi então providenciada sua remoção para o Rio, onde Thereza o internou numa clínica psiquiátrica.

83

Apesar dos atropelos que experimentei em Buenos Aires, viver ali tinha algumas compensações, sendo a primeira delas a proximidade com o Brasil, que por si só me alimentava, e tornava possível a leitura de jornais brasileiros (diariamente ia à calle Florida comprar o *Jornal do Brasil*) e a visita eventual de alguns amigos. Era uma alegria revê-los, abraçá-los e ouvi-los falar de nosso país, da sua vida e de outros amigos. Devo-lhes esses pequenos momentos de felicidade que me ajudaram a seguir adiante, apesar de tudo.

A um ou outro, conforme as circunstâncias, li parte do *Poema sujo*. Lembro-me de Givaldo, companheiro de partido, enxugando disfarçadamente os olhos, ao ouvir certo trecho do poema. Foi grato encontrar com Paulo Pontes, Antônio Luís Araújo, Jânio de Freitas, Rodolfo Konder, Moniz Bandeira, Franco Terranova, Carlinhos Oliveira, Chico Buarque. Mas o encontro decisivo foi com Vinicius de Moraes, na casa de Boal e Cecília, sua doce companheira argentina. À mesa do jantar, Boal contou que eu havia escrito um longo poema e que estava todo mundo curioso por conhecê-lo.

— Então vamos tratar disso logo – falou Vinicius. – Gullar, você não quer ler o poema pra nós, amanhã, aqui na casa do Boal?

Depois de alguma hesitação, concordei. Na manhã seguinte, liguei para Boal:

— Vou lhe pedir uma coisa. Ao convidar as pessoas, avise a elas que se trata da leitura de um poema, e de um poema longo. Se alguém cochilar durante a leitura, estou desgraçado!

É que o poema era minha tábua de salvação. Temia um fiasco.

Não houve fiasco. Pelo contrário, as pessoas ouviram atentamente e se comoveram. Ao final, me abraçaram. Vinicius estava com os olhos cheios de água.

— Poetinha, você arrasou!

— Foi, é?

— Esse poema é uma coisa muito séria. Quero levá-lo para o Brasil e mostrar logo pro pessoal. Não há tempo a perder.

— Não tenho cópia.

— Vamos gravar. Deixa por minha conta... Pode ser aqui em tua casa, Boal?

Na tarde seguinte, um neto de Vinicius trouxe o gravador do pai (o cônsul geral, Rodolfo) e fizemos a gravação numa fita que Vinicius levou para o Brasil. Soube depois que ele reuniu um grupo de pessoas em sua casa para ouvir o poema. Entre elas, estava o editor Ênio Silveira, que logo me escreveu pedindo os originais.

— Quero publicá-lo imediatamente.

Thereza, que estava me visitando em Buenos Aires, levou uma cópia do poema para o Ênio. Isso foi em começos de 1976. Em meados desse ano, o poema estava nas livrarias.

84

Antes de publicado, o *Poema sujo* já se tornara conhecido de muita gente, porque a fita levada pelo Vinicius foi copiada, passando de pessoa para pessoa, que também reunia amigos em sua casa para ouvi-la. Isso gerou uma grande expectativa em torno da publicação do poema. A crítica o recebeu com elogios e a primeira edição se esgotou rapidamente.

Enquanto isso, entre o envio dos originais do *Poema sujo* ao editor e a publicação, a crise política argentina atingiu seu clímax. Uma primeira tentativa de golpe, iniciada numa base da força aérea argentina, abortou, mas deixou claro o grau de reacionarismo da direita militar: os sublevados lançaram um manifesto em que afirmavam ter a subversão comunista começado no Renascimento, ter dado um passo decisivo com a Revolução Francesa e se implantado, a partir de 1917, com o surgimento da União Soviética. Era preciso, portanto, retroceder até a Idade Média!

Em março Isabelita foi derrubada e os militares, chefiados pelo general Jorge Videla, assumiram o poder. Se a repressão já era violenta, agora excedia a todos os limites, com a invasão de domicílios, sequestro de pessoas e execuções sumárias. A repressão não se limitava aos militantes da luta armada e seus apoiadores; atingia as esquerdas em geral, simpatizantes e mesmo inocentes que, por algum equívoco, eram tomados por inimigos do governo. "Desde o início sabíamos que seria inevitável sacrificar inocentes. A previsão era de vinte por cento", admitiu um oficial do Exército argentino a um familiar que era, por acaso, meu conhecido.

Certa manhã, abro o jornal e tomo conhecimento da queda de um grupo de pessoas, dadas como membros da IV Internacional e que estariam preparando atos terroristas contra o governo militar. Identifico um deles, que havia conhecido na casa de Boal. Telefono-lhe e ele, visivelmente preocupado, pede que eu vá encontrá-lo para conversarmos.

Tomo o metrô, levando nas mãos um envelope com documentos do Partido Comunista Paraguaio que um amigo comum me pedira para entregar ao Boal. Ao chegar na estação Miserere, meu vagão se abre e entram três brutamontes armados, com a insígnia da polícia no blusão. Ao vê-los, decido sair do vagão no momento mesmo em que a porta se fecha. Um deles, de bigode, me olha com suspeita.

— Estava querendo escapar? – pergunta-me ele.

Faço que não ouço e me mantenho ali, de pé, enquanto o trem segue seu caminho. Lembro-me dos documentos do partido paraguaio. *Se eles decidem me revistar, estou fodido*, penso, apreensivo. Chegamos à estação seguinte, o policial de bigode não tira os olhos de mim. Aproveito a movimentação de pessoas que saem ou entram, e deixo cair no chão o envelope com os documentos. Ponho meus pés sobre ele. E digo a mim mesmo: pra todos os efeitos, esse envelope não é meu, nunca o vi, não sei de quem é.

A próxima estação, em que eu devia descer, era também a que correspondia à rua da central de polícia. Quando o trem para, me mantenho com os pés sobre o envelope. A porta se abre, as pessoas começam a sair, eu não me movo. Os policiais me empurram: "Saia, vamos!" Eu resisto. Só quando a porta já está fechando, pulo para fora; ela se fecha às minhas costas e o trem parte levando o malsinado envelope.

— Cadê o envelope que tinha nas mãos? – pergunta o policial.
— Eu? Eu não tinha nenhum envelope nas mãos.
— Tinha, sim, que eu vi.
— O senhor está enganado.
— Enganado ou não, vai nos acompanhar até a central de polícia.

Era o que eu temia.

— Mas por quê? Não fiz nada.
— O senhor é estrangeiro, não é?
— Sou radicado na Argentina, sou jornalista.
— Mostre seus documentos.

Tiro do bolso a carteira de estrangeiro, que havia conseguido havia poucos meses, e entrego ao policial.

— A carteira profissional, cadê?
— Não está aqui comigo. Mas sou jornalista, correspondente estrangeiro.
— Conversa! Você vai conosco.

Nesse momento, um dos policiais intervém na discussão.

— O senhor não tem um filho que desapareceu?
— Tenho, sim. Eu estive na central de polícia pedindo ajuda – afirmei, enfático.
— É isso mesmo – disse o policial, voltando-se para o de bigode –, não tem nenhum problema com ele não. Está dizendo a verdade. Alivia pra ele, está bem?
— Você que sabe – disse o outro.
— Pode ir – falou-me o policial simpático, batendo-me nas costas. – Vá com Deus.

Minutos depois, eu contava essa história ao Boal, que explodiu numa gargalhada.

— Imagina você ir em cana por causa do Partido Comunista Paraguaio!
— Era só o que faltava me acontecer.

85

Também em Buenos Aires não me aproximei dos círculos intelectuais. Além de Noé, fiz amizade com Santiago Kovadloff, ensaísta, poeta e tradutor argentino, que vivera no Brasil e fala português como qualquer brasileiro. Ele havia me entrevistado para a revista *Crisis*, quando eu ainda estava em Lima. Agora nos encontrávamos com frequência, mesmo porque ele preparava uma antologia de meus poemas para o Centro Simón Bolívar, da Venezuela, que os publicou em 1977 (*La Lucha Corporal y otros incendios*), e trabalhava num ensaio sobre minha poesia. Ao ler o *Poema sujo*, tomou-se de entusiasmo e ao mesmo tempo de preocupação por mim. É que, sabendo dos duros golpes que havia sucessivamente sofrido (no Chile, no Peru e agora na Argentina), temia que, tendo escrito um "poema final", decidisse pôr fim à vida. Manifestou-me essa apreensão, com muito cuidado, certa manhã, num café de Corrientes. Sorri-lhe agradecido e garanti-lhe que o suicídio estava fora de minhas cogitações.

Outra amizade que ganhei foi a de Eduardo Galeano, fundador e diretor de *Crisis*, que se tornaria muito conhecido no Brasil mais tarde. Quando a editora De la Flor se dispôs a publicar a tradução do *Poema sujo*, Galeano participou de uma leitura feita comigo, as tradutoras e Kovadloff, para acertamos o texto definitivo em espanhol. Infelizmente, pouco depois, a editora foi fechada e seu proprietário obrigado a sair às pressas da Argentina.

86

Vinícius, que se tinha enamorado de uma jovem argentina, voltara a Buenos Aires e se instalara num hotel-residência no centro. Ao chegar, me telefonou e disse que queria fazer uma entrevista comigo para a *Manchete*. Fui encontrá-lo e lá conheci alguns membros do conjunto musical que excursionava com ele. Tinham estado em Punta del Este, Mar del Plata e agora se exibiam em Buenos Aires.

— Toquinho você conhece.
— Claro. Como vai, Toquinho?
— Este é Tenório Júnior, nosso pianista.
— Prazer.
— Agora, cai todo mundo fora que eu vou entrevistar o nosso poeta – brincou Vinicius.

Foi uma longa entrevista, cuja gravação levou várias horas, em dias diferentes. Durante esse trabalho, conheci a namoradinha de Vinicius e uma amiga dela, Laura, que se dispunha a traduzir o *Poema sujo*.

— Com sua ajuda – disse ela sorrindo pra mim.
— Eu também ajudo – afirmou o Vinicius. – Vamos fazer um mutirão.
— Tradução grupal – disse eu.
— É, tipo suruba! – falou Vinicius se engasgando na gargalhada.

As duas argentinas ficaram intrigadas.

— Suruba? O que é isso?

— Pergunta ao Vinicius. Ele é que entende desse assunto.

Dias depois, Buenos Aires amanhecia ocupada por tropas e tanques de guerra. Era o golpe.

87

Foi como se minha vida se repetisse: lá estava eu de novo encurralado num apartamento (o rádio a transmitir boletins militares) sem saber o que aconteceria comigo. É certo que o clima não era o mesmo, o edifício não foi ocupado por fascistas nem a lixeira lacrada. Pude assim, facilmente, me livrar dos papéis comprometedores.

Dias antes, Vinicius me havia proposto escrevermos juntos um livro sobre o Rio de Janeiro para Les Éditions du Pacifique. Era uma encomenda: textos para um álbum de fotos sobre a cidade, da autoria de Bernard Hermann. Racharíamos a grana. Topei e começamos o trabalho, a partir de algum material que ele havia trazido consigo. Para completá-lo, solicitou a ajuda da diretora do Centro Cultural Brasil-Argentina, que não era outra senão Maria Julieta Drummond de Andrade, filha do nosso poeta. Ela veio ao hotel e tive então oportunidade de conhecê-la.

Ao chegar, percebi que alguma coisa havia acontecido. Estavam ali, com ar preocupado, além de Maria Julieta, Toquinho, alguns músicos e uma mocinha, Elisa, a namorada de Tenório Júnior, que havia desaparecido.

Esse era o motivo da preocupação. Na noite anterior, por volta das onze horas, ele deixara o hotel para ir a uma farmácia, porque Elisa se sentiu mal.

— E não deu mais sinal de vida.
— Eu disse a Tenório que não era preciso, mas ele insistiu.

Vinicius deixou que o pessoal saísse levando a mocinha, para só então nos pôr a par do que ocorrera. Tenório era viciado em cocaína e sempre que o grupo chegava a Buenos Aires, os traficantes iam procurá-lo no teatro ou no hotel. Já em Punta del Este, durante o show, ele quase desmaiara por falta do pó, que foi providenciado às carreiras para aliviá-lo.

— Parece que o artigo uruguaio não era de boa qualidade – brincou Vinicius. – Por isso, ao chegar a Buenos Aires, ele tratou de tomar providências. Sei que, ontem à noite, no teatro, ele foi contatado por um fornecedor.

— Ele deve ter marcado para encontrar esse sujeito e entrou numa fria.

— Ultimamente, aqui na Argentina, o pessoal do pó é exterminado do mesmo modo que os subversivos.

— Deu azar de ser na véspera do golpe militar. A polícia está prendendo gente a torto e a direito. Ele deve ter sido arrastado nesse sorvedouro. Talvez fosse bom noticiar o desaparecimento dele nos jornais – sugeri.

— Não – disse Vinicius. – Isso pode piorar as coisas.

Entendi. O problema da droga punha em risco todo o grupo, especialmente naquelas circunstâncias, quando os direitos democráticos estavam praticamente suspensos. Vinicius descobriu o telefone do pai de Tenório, no Rio, e pediu que ele fosse a Buenos Aires, tentar localizar o filho. Era comissário de polícia.

— Não quero saber desse assunto – teria respondido o pai. – Pedi mil vezes a Tenório que deixasse as drogas, não quis me ouvir. Agora, ele que se arranje.

Foi então que me lembrei da vidente Haydée e sugeri que pedíssemos a ajuda dela. Vinicius concordou. Como minha agenda de telefones estava em casa, teria que ligar de lá. Foram comigo Maria Julieta, Laura e Elisa. Ao ouvir o nome completo do desaparecido, a voz de Haydée mudou de entonação:

— Ele está metido com drogas. Diga à namorada dele, que está aí a seu lado, que trate de se afastar disso senão ela vai se dar muito mal também.

— E Tenório, onde está?

— Se não estiver morto, está desacordado, porque não consigo me comunicar com ele, sua mente não responde... Me telefone daqui a três ou quatro dias.

Esperei três dias e liguei. Ela atendeu muito irritada e amarga.

— Ele está morto. Caiu numa armadilha. Bateram muito nele. Ou foi a polícia ou os militares.

Saí disparado para o hotel. Vinicius, ao saber dessas palavras de Haydée, baixou a cabeça e começou a chorar. Elisa, comovida, foi se abraçar a ele.

— Seria melhor você voltar para o Rio – disse a ela, depois que o choque amainou.

Não respondeu, mas seu olhar foi de gratidão. Estava apavorada, temendo um escândalo, mas não queria fugir da raia. Muito jovem e inexperiente, havia mentido para os pais, que a julgavam na casa de uma amiga no Rio de Janeiro.

— Você volta pro Rio esta tarde – disse Vinicius. – Vou mandar comprar a passagem.

Tenório nunca apareceu nem se teve até hoje qualquer notícia dele. Sabe-se que quando saíra do hotel levava consigo a carteira profissional com autorização para trabalhar na Argentina. Os policiais, possivelmente só depois de tê-lo massacrado, o identificaram como um músico do grupo de Vinicius de Moraes, muito popular em Buenos Aires naquela época. Trataram então de dar sumiço no corpo.

88

O aniversário de Vinicius foi comemorado com uma festinha na casa de Maria Julieta. Nesse almoço, que se prolongou até a noite, Laura e eu começamos a namorar. Era uma moça espirituosa e inteligente, estudava jornalismo e escrevia poemas. Havíamos nos aproximado durante o trabalho de tradução do *Poema sujo*, do qual era entusiasta. Seu temperamento brincalhão e irônico tornou a relação agradável e controlada. No estado de ânimo em que vivia, desgastado pelo exílio e a má sorte dos filhos, o convívio com ela me fazia bem. Tinha agora alguém com quem ir ao cinema, ao restaurante, ao museu, ou passear nos fins de semana.

Meses mais tarde, ao tomar a decisão de voltar ao Brasil, percebi que sua atitude aparentemente *blasée* era um disfarce para ocultar seus reais sentimentos. Ela se havia afeiçoado a mim, não aceitava separar-se. Tampouco me era indiferente deixá-la.

Chegara o verão e com ele as férias. Por sugestão de Flora e Alcir, aceitei passar uma semana em San Bernardo, uma cidade balneária próxima a Mar del Plata, e levei Laura comigo. Passamos belos dias, nós quatro, tomando banho de mar e cavando na areia da praia mariscos, que cozinhávamos e comíamos com cerveja. Foi como uma festa de despedida, alegre e doída ao mesmo tempo.

89

Luís-Felipe Noé, o pintor que havia sido demitido da Universidade de Buenos Aires, chegou espavorido em minha casa. Estava indo embora do país.

— O que aconteceu?

— Vou me mandar antes que seja tarde. Todas as pessoas que atuaram na esquerda peronista, como eu, estão sendo presas. Invadiram-lhes as casas e as levaram, não se sabe pra onde. A família não tem notícia delas.

— Lamento muito que você tenha que ir embora de seu país. Vou sentir sua falta.

Abracei-o demoradamente. Depois ele sorriu emocionado e me apertou a mão.

— Ainda nos veremos, amigo.

Procurava evitar o pânico, mas era crescente a sensação de insegurança. As notícias de sequestros se sucediam. Uma anciã havia sido fuzilada através da porta de seu apartamento porque se negara a abri-la. Os policiais atiraram porque estavam certos de que ela ocultava no apartamento um neto subversivo, mas não havia ninguém ali, além dela.

No domingo, convidei Flora, Alcir e um casal amigo para comerem em minha casa uma carne assada ao molho ferrugem, preparada por mim. O casal não pôde vir, tinha ido passar o fim de semana em San Bernardo. O pretexto para o encontro, além da carne assada, era ouvirmos um disco novo do Martinho da

Vila que me havia chegado dias antes. Mas, no final do domingo, quando já bebíamos a última cerveja, foi impossível evitar o assunto desagradável dos desaparecimentos e execuções.

— Soube hoje um troço chato. Aquele médico amigo nosso, o Juarez, desapareceu.

— O chileno?

— Esse mesmo. Ultimamente, ele esteve morando na casa de Pedro e Sílvia, que foram para San Bernardo sem saberem de nada. E não há como avisá-los.

— De que adiantaria? Não iam poder fazer nada mesmo. Só ficariam preocupados.

— Agora quem está preocupado sou eu. Juarez ficou uma semana aqui em casa, lembram? E não faz muito tempo.

— Ih, cara, se eu fosse você saía daqui por uns dias.

— E ia pra onde? Pra casa de vocês? É mais queimada que a minha!

Eles riram. Terminamos de tomar a cerveja e nos despedimos.

A casa agora estava vazia e silenciosa. Fechei a porta com a tranca de segurança e liguei a televisão na expectativa de ver algum filme. Estiquei-me na poltrona improvisada com espuma de borracha e logo adormeci.

Acordei com o soar insistente de uma campainha: a cigarra do porteiro elétrico. Quem poderia ser? Consultei o relógio de pulso: quase uma da manhã. A cigarra voltou a tocar, me assustando. *Pode ser a polícia*, pensei. Num gesto instintivo, apaguei a luz da sala, onde a televisão continuava ligada. Desliguei-a também. Seria mesmo a polícia? Avancei até o janelão e espiei para baixo, cuidando para não ser visto. Junto à porta de entrada do prédio, vi dois vultos irreconhecíveis, mas eram dois homens sem dúvida. Dois homens?! Ninguém que eu conhecesse. Junto ao meio-fio, um carro estacionado. *São eles*, pensei, *vieram me buscar*. Lembrei-me do fuzilamento da anciã. Pensei em fugir do apartamento e esconder-me na escada. Mas logo vi que seria descoberto. Refugiar-me no apartamento do vizinho? Mal o conhecia e ele tinha saído de férias com a família. Corri ao telefone e liguei.

— Alcir? Os homens chegaram, cara. Estão lá embaixo.
— Tem certeza?
— Se não é você, nem o Boal, nem o Almino... quem pode ser?
— Quer que eu vá praí?
— Tá louco? Nada disso... Estou decidido a não abrir a porta. Escuta: se eu não der sinal de vida dentro de uma hora, avisa alguém no Brasil. Alguém que possa informar os jornais. Vou desligar.

Ouvi o rumor do elevador parando em meu andar. Atordoado, quase sem pensar, me abalei, na ponta dos pés, pelo corredor em direção ao quarto. Antes de alcançá-lo, ouvi a campainha da porta tocar. Tranquei-me no quarto e fiquei ali no escuro, sentado na cama. A campainha voltou a soar. Esperei o primeiro disparo que arrebentaria a fechadura da porta. O disparo não veio. Teriam ido embora? Ou estão apenas esperando que eu saia daqui, faça algum barulho para se certificarem da minha presença?

— Não, não vou sair daqui – disse, as mãos sobre os joelhos, com medo até de respirar.

Após algum tempo, comecei a admitir que eles teriam ido embora. *Certamente se convenceram de que não havia ninguém em casa*, pensei com alívio. *Mas podem voltar amanhã. Podem... De qualquer modo, tenho até amanhã para escapar.*

O silêncio era total. Saí do quarto e me aproximei cautelosamente da porta. Apurei o ouvido. Nada ouvi. No chão havia uma folha de papel que tinham colocado por baixo da porta. Seria uma intimação da polícia? *Antes assim*, pensei comigo, *pelo menos será uma coisa oficializada...* Juntei o papel e acendi a luz. Era um bilhete: "Voltamos de San Bernardo antes do tempo, chovia muito. Mas ao chegar em casa, vimos que tínhamos esquecido (ou perdido) a chave do apartamento. Por isso, viemos até aqui pedir acolhida a você. Demos azar. Fica pra próxima, que espero não haver. Dormiremos mesmo no carro. Um abraço do Pedro e da Sílvia."

9º

A publicação do *Poema sujo* despertou a solidariedade de pessoas que reclamavam a minha volta ao Brasil, provocando a iniciativa de dois amigos, Zuenir Ventura e Elio Gaspari. Este, que conhecia o general Golbery do Couto e Silva, chefe da Casa Militar da Presidência da República, levou-lhe um exemplar do *Poema sujo*. Golbery achou-o obsceno, mas nem por isso se opôs à minha volta ao país. Já o general João Figueiredo, chefe do SNI, era de opinião diferente. "Não quero esse comunista aqui", teria declarado ele, segundo Golbery. Fiquei decepcionado, mas nem por isso desisti. Pelo contrário, a impertinência do general, bem representativa de um regime em que o chefe do Serviço Nacional de Informações se julgava dono do país, instigou-me a desafiá-lo. *Vou mostrar que não preciso da autorização de ninguém para voltar ao Brasil*, pensei comigo. De fato, eu não suportava mais o exílio e, além disso, era preciso que eu assumisse o tratamento de Paulo e Marcos, cuja dependência das drogas se agravara. Outro fator pesou em minha decisão: o fato de ter sido, havia mais de um ano, absolvido no processo policial-militar que motivara a minha saída do país. É certo que isso contava pouco para os agentes da repressão.

Tomada a decisão, pus em prática um esquema para garantir meu retorno. Escrevi a alguns amigos pedindo que, no meu desembarque, assegurassem a presença de representantes da ABI, do Sindicato de Jornalistas e da Ordem de Advogados do Brasil, e que meu regresso fosse comunicado formalmente ao ministro da Justiça e ao comandante do I Exército. Essas medidas visavam despojar meu gesto de qualquer traço conspiratório ou clandestino, neutralizar a ação arbitrária dos órgãos de repressão e, ao mesmo tempo, responsabilizar o governo pelo que ocorresse.

As outras providências eram mais corriqueiras: vender os poucos móveis que detinha e embalar os livros. Comprei duas calças, um paletó e um par de botas cor de vinho, de cano curto, que achava o fino. Pedi a Alcir e Flora que guardassem os dois cadernos de anotações que fizera em Moscou. Seria insensato trazê-los comigo, mas não queria perdê-los. Um deles continha o resumo, capítulo por capítulo, de *O capital*, e o outro reflexões sobre poesia, arte e política. Meses depois de minha volta, quando nos reencontramos no Brasil, disseram-me que os haviam destruído já que não podiam trazê-los consigo.

Thereza foi a Buenos Aires para acompanhar-me na viagem, pois não era aconselhável desembarcar sozinho no Galeão. No dia 17 de março de 1977 tomei um avião com destino ao Rio de Janeiro, consciente dos riscos que corria, mas disposto a corrê-los.

O avião pousou por volta das oito da noite. Antes que os passageiros se levantassem, o comandante avisou que teríamos de esperar alguns minutos pela autorização do desembarque. Eu e Thereza ficamos mais tensos ainda, mas espiei pela janela e vi alguns homens empurrando um caixão mortuário em direção a uma caminhonete negra. Estava explicado: tínhamos tido um defunto como companheiro de viagem.

Ao chegarmos ao guichê da polícia, onde devíamos apresentar os documentos, vi escrito numa folha presa à parede: FERREIRA GULLAR OU JOSÉ RIBAMAR FERREIRA — DETÊ-LO. Disse a Thereza que saísse na frente e fosse avisar as pessoas que me esperavam. Se eu demorasse a aparecer, deviam procurar as autoridades policiais. Ela me entregou os tíquetes da bagagem e saiu, nervosamente. Chegada a minha vez, me deixaram passar sem problema. Já fora do aeroporto, recebi emocionado o abraço dos amigos. Aos jornais declarei apenas que estava feliz de voltar ao meu país. Na confusão, perdi a bolsa de viagem, onde trazia, entre outras coisas, um retrato de Elôina, o único que eu possuía.

91

Na manhã seguinte me toquei para a praia. Não demorou que surgisse lá, de paletó e gravata, meu amigo Mário Cunha, secretário de redação da sucursal do *Estadão*, no Rio. Ele me trazia um recado da Polícia Marítima para que eu fosse lá firmar um documento, que não assinara ao desembarcar. Sabíamos, eu e Mário, que não havia documento algum a ser assinado. Ele me acompanhou à delegacia da polícia na Praça Mauá.

Pediram que esperássemos e ali ficamos por mais de uma hora. Estava acontecendo o que prevíramos. Finalmente chegaram três agentes do DOPS e pediram que eu os acompanhasse. Mário Cunha decidiu ir comigo, apesar da oposição inicial dos policiais. Fomos para a central de polícia na rua da Relação, onde me esperava um delegado. Em seu gabinete, ele reconheceu Mário Cunha e passou a lançar indiretas a respeito de suas posições políticas. Mário ria fingindo não entender. O delegado puxou outro assunto, depois outro e mais outro. As horas se passavam, já anoitecera. Então pedi a Mário que fosse embora, pois enquanto estivesse ali o policial continuaria com aquela conversa mole. Assim que Mário saiu, fui levado para uma sala e submetido a um interrogatório. Queriam saber se eu havia estudado na escola do partido em Moscou. Neguei. O homem insistiu, mas continuei negando. Ele saiu e voltou com o delegado.

— Vamos – disse ele.
— Vamos pra onde? – indaguei.

Não respondeu. Fui levado por um corredor, descemos depois por uma escada e chegamos à porta do pátio interno do edifício. Um camburão parou em frente e dele saiu um homem, que me fez juntar as mãos e introduziu meus dedos polegares numa espécie de algema minúscula, que eu nunca tinha visto. Apertou um parafuso, pressionando-me os dedos. Entendi que se tratava de um aparelho de tortura. Ele pôs uma venda em meus olhos e me fez entrar no camburão.

Rodamos uns vinte minutos. Ouvia ruídos de carros e ônibus, mas não consegui saber para onde estava sendo levado. Percebi que chegamos quando o camburão fez uma manobra e entrou de ré por uma rampa em aclive. Parou, abriram a porta, saí do carro, fizeram-me subir uma pequena escada. Senti que havia entrado em um prédio e passara a caminhar por um corredor. Finalmente, entramos no que me pareceu uma sala e me tiraram a venda: a sala estava inteiramente às escuras, à exceção de um ponto onde havia uma cadeira vazia iluminada por lâmpadas muito fortes. Percebi que havia alguns homens em volta do foco de luz. Não os enxergava.

— Tira a roupa – ordenou-me um deles.
— Tirar roupa pra quê?
— Não interessa, tira a roupa.
— Não tiro.
— Tão vendo só? Ele é dirigente mesmo. Só os dirigentes botam banca assim.
— Cabo, tira a roupa dele.

O sujeito me despiu e me entregou um macacão de pernas e mangas curtas, que vesti.

— Agora você vai nos contar tudo, tá bem? Começa a falar. Como é que era a escola de subversão em Moscou?

Fiquei mudo.

— Não vai falar, é? Vê o que você prefere: falar ou tomar chá de sumiço?

Depois de levar alguns tapas e solavancos, decidi quebrar o silêncio.

— Nunca estive em Moscou.

— Mentiroso! Cara de pau! Nós sabemos muito bem que você estudou lá, comuna safado!

O interrogatório entrou pela madrugada. A certa altura estava tão cansado que mal ouvia o que me perguntavam. Quando cochilava, um deles me dava um solavanco.

— Acorda, viado! Não pensa que tu vai dormir não.

A certa altura, os três homens que me interrogavam foram substituídos por outros, que já haviam dormido e portanto estavam descansados. O interrogatório recrudesceu.

— Você não tem um filho doente que está internado?

Não respondi.

— Sabemos de tudo, cara. Sabemos que você tem um irmão que trabalha no Banco Nacional. Teu filho está numa clínica no Humaitá. Vê bem: ou tu fala ou teu irmão e teu filho vão se dar mal.

Essa ameaça me alarmou. Teriam eles coragem de maltratar meu filho doente?

As perguntas sobre Moscou, o partido soviético, os companheiros com quem havia estudado lá se sucediam, numa repetição e insistência insuportáveis. Tentava imaginar quanto tempo havia se passado, se era dia, se era noite. De novo, os inquisidores foram substituídos, voltaram os primeiros. Mal me mantinha acordado. Eles me haviam oferecido comida, mas me neguei a comer. Apenas aceitei tomar um gole de água.

— Se continuar se negando a falar, vamos trazer aqui um cara que esteve com você em Moscou, na escola do partido. Preferimos não incomodá-lo, mas se você teimar...

— Não é problema meu.

O interrogatório prosseguiu, agora com novas ameaças: "Vamos dar fim em você, seu merda."

De repente, uma trégua. Percebi que haviam me deixado só. Minha cabeça era uma confusão. *Quantas noites e dias faz que eu não durmo?*

Percebi que alguém entrou.

— Sente aí – falou uma voz que identifiquei como de um dos interrogadores.

Alguém se sentou. Tiraram-me a venda: diante de mim estava Júlio, que chefiara o coletivo brasileiro em Moscou. De paletó e gravata, tinha uma aparência saudável, ainda que visivelmente constrangido.

— Como vai, Gullar?

— Quem é você? Não te conheço.

— Entendo que você esteja dizendo isso. Mas você me conhece, sim. Você esteve em Moscou comigo.

— Devia se envergonhar de estar fazendo este papel lamentável.

Ele teve um esgar de constrangimento.

— Bem, se você quer continuar negando...

Ouviu-se então uma voz vinda de um alto-falante.

— Pode deixar. Ele é um mentiroso cara de pau. Saia.

Só então me dei conta de que estava dentro de uma sala, semelhante a um estúdio de gravação. A porta era dupla e havia um painel de vidro escuro à minha direita, tomando quase toda a parede. Como soube depois, era um vidro especial para permitir que o preso fosse observado sem o saber e sem poder ver quem o observava.

— E então – falou a voz pelo alto-falante –, vai continuar negando?

— Se vocês acham que sabem de tudo por que insistem em me interrogar?

— E você pensava que ia voltar ao Brasil assim, de graça? Isto aqui não é casa da mãe joana!

Fui solto depois de umas setenta e duas horas de interrogatório contínuo. Vendaram-me, puseram-me no camburão e me devolveram ao gabinete do mesmo delegado que me havia entregue ao DOI-CODI. Ele fez questão de me levar pessoalmente em casa. Tomamos um carro.

— Depois acontece alguma coisa com você e vão dizer que foi a polícia.

Mas, ao chegar a meu apartamento, verificamos que não havia ninguém lá. Thereza, em face de minha prisão, certamente se refugiara na casa de alguma amiga. Eu não estava com a chave.

— Tem algum parente?
— Vamos pra casa de minha sogra. Fica na Barata Ribeiro.

Ele tocou a campainha do porteiro elétrico, ela desceu. Era tarde da noite, umas onze horas talvez.

— A senhora é sogra dele, não é?
— Sou.
— Pois bem, estou deixando seu genro aqui em perfeitas condições, certo?

Dona Mayna pensou que era uma brincadeira.

— É – falei eu – não me tiraram nenhum pedaço.

O delegado ficou sério.

— Boa noite – disse e dirigiu-se para o carro.

Olhei para dona Mayna e balancei a cabeça.

— Parece piada.

No dia seguinte, pude finalmente gozar uma manhã inteira de praia carioca. O exílio havia terminado.

92

Um oficial do Exército, que fizera o papel de bonzinho durante o interrogatório no DOI-CODI, ficou telefonando para minha casa e marcando encontros "amigáveis". Pressionado, ainda sem ter tomado pé na situação, fui encontrá-lo. No curso da conversa, condenou o moralismo e elogiou as pessoas que gostam de se divertir.

— Não quer ir a uma festinha com garotas jovens?
— Não, não sou muito de festas – respondi.
— Mas gosta de umas menininhas, não vai dizer que não gosta?
— Donde tirou isso?
— Em sua carteira de documentos havia a foto de uma garota, de uns dezesseis anos no máximo.
— Uma garota morena, de cabelos compridos?
— Isso mesmo.
— É minha filha.

Ele ficou sem jeito. No segundo encontro, tentou induzir-me a levá-lo a um dirigente do partido que acabara de dar uma entrevista à *Veja*, o Sales, com quem estivera em Moscou.

— Por que não vai procurá-lo você mesmo? – respondi.
— Ele não me conhece. Se você me apresentasse...
— Está perdendo seu tempo – disse-lhe eu.

Na vez seguinte que telefonou, o despachei.

— Não quero encontrar com você, não. Não temos nada a conversar.

— Isso quem julga sou eu – respondeu ele, impositivo.

— Pois julgue como quiser. Se insistir, chamo os jornais e te denuncio publicamente. Quer pagar pra ver?

Ele nunca mais telefonou.

Pedi mais tarde a meu advogado que me obtivesse uma certidão da sentença absolutória do Superior Tribunal Militar para me garantir contra alguma eventualidade. Ao ler o documento, verifiquei que, embora o processo fosse o meu, a pessoa absolvida não era eu: chamava-se José Ribamar Ferreira, mas os pais eram outros. Tratava-se de um líder camponês, também maranhense, que havia aderido à luta armada. Assim se explicava a surpresa do oficial do Exército, que invadira minha casa em 1970, ao saber que eu não era líder camponês mas jornalista. E pensar que havia ficado todos aqueles anos no exílio à espera de uma absolvição que, afinal de contas, revelou-se desnecessária.

Mas não importa. A vida não é o que deveria ter sido e sim o que foi. Cada um de nós é a sua própria história real e imaginária.

A primeira edição deste livro foi impressa nas oficinas da
DISTRIBUIDORA RECORD DE SERVIÇOS DE IMPRENSA S.A.
Rua Argentina, 171, Rio de Janeiro, RJ para a
EDITORA JOSÉ OLYMPIO LTDA. em outubro de 2024.

*

93º aniversário desta Casa de livros, fundada em 29.11.1931.